KW-221-230

Paul Watzlawick
Vom Schlechten des Guten

Zu diesem Buch

In seinem Millionen-Bestseller »Anleitung zum Unglücklichsein« hat Paul Watzlawick vorgeführt, wie überaus erfindungs-
reich wir Menschen unseren Alltag unerträglich machen. Nun
zeigt er uns mit bewährter Ironie, wie wir immer wieder den
vermeintlich glatten Lösungen aufsitzen, auf der Suche nach den
endgültigen, den hundertprozentigen Lösungen. Denn Hekate –
antike Schicksalsgöttin, finster und von heulenden Hunden um-
geben – verfolgt bis heute ihre perfide Strategie: Sie wiegt uns so
lange in Sicherheit, bis wir unseren Untergang selbst besorgen.
Anhand wunderbarer Beispiele und kleiner, witziger Geschich-
ten zeigt uns Watzlawick, wie wir die trügerischen Erwartungen
in Pat*end*lösungen durchschauen und wie wir sie vermeiden
können.

Paul Watzlawick, am 25. Juli 1921 in Villach/Kärnten geboren,
studierte Philosophie und Sprachen. Psychotherapeutische Aus-
bildung am C. G. Jung-Institut in Zürich. 1957 bis 1960 Professor
für Psychotherapie in El Salvador; seit 1960 Forschungsbeauf-
tragter am Mental Research Institute in Palo Alto/Kalifornien.
Außerdem lehrte er an der Stanford University. Zahlreiche Ver-
öffentlichungen.

Paul Watzlawick

Vom Schlechten des Guten

oder
Hekates Lösungen

Piper München Zürich

Von Paul Watzlawick liegen in der Serie Piper
außerdem vor:

Wie wirklich ist die Wirklichkeit? (174)
Die erfundene Wirklichkeit (Hrsg., 373)
Die Unsicherheit unserer Wirklichkeit (Mitautor, 742)
Einführung in den Konstruktivismus (Mitautor, 1165)
Interaktion (Mithrsg., 1222)
Münchhausens Zopf (1237)
Vom Unsinn des Sinns oder vom Sinn des Unsinns (1824)
Anleitung zum Unglücklichsein (2100)

Ungekürzte Taschenbuchausgabe
1. Auflage Januar 1991
5. Auflage September 1997
© 1986 Paul Watzlawick
© 1986 Piper Verlag GmbH, München
Umschlag: Büro Hamburg
Simone Leitenberger, Susanne Schmitt, Andrea Lühr
Umschlagabbildung: Albert Rocarols
Foto Umschlagrückseite: Peter Peitsch, Hamburg
Gesamtherstellung: Clausen & Bosse, Leck
Printed in Germany   ISBN 3-492-21304-9

Inhalt

Vorwort

Lieber Leser!

Es gibt gewisse Lösungen, für die noch keine zutreffende Bezeichnung existiert und die man vielleicht *Patendlösungen* nennen könnte. Dieses Wort ist kein Druckfehler, sondern der Versuch einer Zusammenziehung von zwei Begriffen: Jedermann weiß, was man als *Patentlösung* bezeichnet. Der Ausdruck *Endlösung* dagegen ist in seiner schaurigen Bedeutung nur uns älteren Europäern noch unmittelbar bekannt. Eine *Patend-lösung* wäre demnach eine Kombination der beiden Begriffe, also eine Lösung, die so patent ist, daß sie nicht nur das Problem, sondern auch alles damit Zusammenhängende aus der Welt schafft — etwa im Sinne des alten Medizinerwitzes: Operation erfolgreich, Patient tot.

Nur der Ausdruck wäre also neu; die damit bezeichnete Hybris ist seit Urzeiten bekannt. Es sei mir gestattet, diesen Begriff anhand der Tragödie *Macbeth* herauszuarbeiten.

Verglichen mit der Tiefe und Rätselhaftigkeit vieler Personen in Shakespeares Werk scheint die Rolle der drei Hexen in *Macbeth* einigermaßen klar. Sie sind von ihrer Chefin, der finsteren Schicksalsgöttin *Hekate*, beauftragt, Macbeths Sturz dadurch herbeizuführen, daß sie ihm eine großartige Zukunft weissagen, die er deswegen um so williger glaubt, als sie seinem grenzenlosen Machthunger entspricht. Im Versuch, die Prophezeiung zu verwirklichen, geht er dann rettungslos zugrunde.

Warum Hekate so viel an Macbeths (und, wie wir sehen werden, unzähliger anderer Menschen) Sturz zu liegen scheint, läßt sich beim besten Willen nicht feststellen. *Daß* sie seinen Sturz wünscht und ihn schließlich auch erreicht, daran läßt

Shakespeare keinen Zweifel. *Wie* sie eine solche Patendlösung inszeniert, darüber soll im folgenden ausführlich referiert werden – und zwar nicht nur in bezug auf Macbeth, sondern unter Heranziehung anderer, modernerer Fallbeschreibungen.

Falls Sie, verehrter Leser, das noch nicht wissen sollten: Die subversiven Tätigkeiten des Hekate-Teams beschränken sich keineswegs darauf, was Macbeth im 11. Jahrhundert widerfuhr; sie sind vielmehr zeitlos – allerdings mit dem wichtigen Unterschied, daß Hekate heute, neun Jahrhunderte später, über wesentlich feinere Techniken verfügt. Das Grundprinzip läßt sich aber eben schon aus *Macbeth* ableiten.

Was nützt es Hekate, daß die Hexen Macbeth an den Punkt gebracht haben, da Umkehr bereits sinnlos wäre (»Ich bin einmal so tief in Blut gestiegen, / daß, wollt' ich nun im Waten stillestehen, / Rückkehr so schwierig wär, als durch zu gehen«)? Es quält ihn nämlich in seinem »selbstgeschaffnen Graun« doch »die Furcht des Neulings, dem die Übung fehlt« [III/4]; er ist also ungenügend auf seinen Untergang vorbereitet und könnte womöglich ausscheren. Hekate fühlt sich von ihren Subalternen übergangen und ist daher gezwungen, selbst die Regie zu übernehmen:

Ihr garst'gen Vetteln, hab' ich denn nicht recht?
Da ihr euch, dreist und unverschämt, erfrecht,
Und treibt mit Macbeth euren Spuk,
In Rätselkram, in Mord und Trug?
Und ich, die Meistrin eurer Kraft,
Die jedes Unheil wirkt und schafft,
Mich bat man nicht um meine Gunst,
Zu Ehr' und Vorteil unsrer Kunst?   [III/5]

Und auf welche Weise bringt Hekate es zustande,
daß sich Macbeth nicht eines besseren besinnt,
die schon verübten Greuel irgendwie gutzuma-
chen versucht, und rettet, was noch zu retten ist?
Sie feuert ihn nicht vielleicht an, das Schrecklich-
ste doch zu wagen, seinem Glück zu vertrauen,
und was sich an derlei lauwarmen Zureden noch
denken ließe. Sie gibt ihren Hexen vielmehr den
Auftrag, ihn in Sicherheit zu gaukeln:

Dem Tod und Schicksal sprech' er Hohn,
Nicht Gnad' und Furcht soll ihn bedrohn;
Denn, wie ihr wißt, war Sicherheit
Des Menschen Erbfeind jederzeit.   [III/5]

Auf diese Sicherheit, so orakeln ihm die Hexen,
könne er sich voll verlassen, es sei denn, zwei Ereignisse träten ein: Erstens,

Sei blutig, kühn und fest; lach aller Toren,
Dir schadet keiner, den ein Weib geboren:
Kein solcher kränkt Macbeth;

und zweitens:

Macbeth wird nie besiegt, bis einst hinan
Der große Birnamswald zum Dunsinan
Feindlich emporsteigt.   [IV / 1]*

Da ihm beides unmöglich scheint, fühlt er sich
nun sicher und zu den entscheidenden Untaten
bereit. Sein Malheur ist nur, daß er, in Geburts-
hilfe offenbar nicht bewandert, von dem durch
Kaiserschnitt zur Welt gekommenen Macduff ge-
tötet wird, während das feindliche Heer, mit Laub
getarnt, einem Walde gleich auf seine Burg Dunsinan vorrückt.

Macbeth ist natürlich nur *ein* – wenn auch vielleicht der bekannteste – Fall aus Hekates Praxis.
Ihre Tätigkeit reicht aber weit in die dionysische
Epoche der Antike zurück, und umgekehrt sind
mir eine Reihe weiterer und wesentlich neuerer
Fälle bekannt geworden, in denen Hekate ähnliche Patendlösungen anwandte oder anzuwenden
im Begriffe ist, um Unheil über die Welt zu brin-

* Die Zitate aus *Macbeth* sind der Übersetzung von Doro-
thea Tieck entnommen.

gen. Genaues und sich auf viele Jahre erstrecken-
des Studium dieser Fälle ermöglicht es mir nun,
einige konkrete Hinweise auf ihre spezifischen
Taktiken zu geben. Zweierlei versteht sich in diesem Zusammenhange wohl von selbst: Erstens
verbietet mir das Berufsgeheimnis die Nennung
meiner Informationsquellen, und auch alle Namen und Ortsangaben wurden von mir daher
ausnahmslos abgeändert. Zweitens tritt Hekate
heute nicht mehr als dreiarmige, von heulenden
Hunden umgebene Herrin von Spuk- und Zau-
bererscheinungen auf. Sie lebt vielmehr in einer
luxuriösen Villa am Mittelmeer, der von *außen*
genausowenig Unheilvolles anzusehen ist wie ihren Methoden, die sich scheinbar harmlose, allgemeine Errungenschaften des modernen Alltags
zunutze machen.

Ich möchte dieses Buch mit der Beschreibung
eines Falles beginnen und dann, am Ende, wieder
auf ihn zurückkommen. Den treffendsten Deck-
namen, *Jedermann*, hat Hugo von Hofmannsthal
leider schon für sich beansprucht, und um nicht
zum Plagiator zu werden, will ich mich auf ihn
einfach als »unseren Mann« beziehen.

Sicherheit – des Menschen
Erbfeind jederzeit

Es war einmal ein Mann, der lebte glücklich und zufrieden, bis er sich eines Tages, vielleicht aus zweckloser Neugierde, vielleicht aus purem Leichtsinn, die Frage stellte, ob das Leben seine eigenen Regeln hat. Was er damit meinte, war nicht die offensichtliche Tatsache, daß es auf der ganzen Welt Gesetzbücher gibt, daß Rülpsen nach einer Mahlzeit in manchen Gegenden für ungezogen, in anderen als Kompliment an die

Hausfrau gilt, oder daß man keine obszönen Graffiti an Wände kritzeln soll, wenn man nicht rechtschreiben kann. Nein, nicht darum ging's ihm; diese von Menschen für Menschen gemachten Regeln interessierten ihn nicht. Was er plötzlich wissen wollte, war die Antwort auf die Frage, ob das Leben, unabhängig von uns Menschen, seine ganz eigene Regelhaftigkeit hat.

Wäre er bloß nie auf diese unselige Frage gestoßen – denn mit ihr war es um sein Glück und seine Zufriedenheit geschehen. Es ging ihm ganz ähnlich wie dem bekannten Tausendfüßler, den die Küchenschabe unschuldig fragte, wie er es fertigbringe, seine vielen Beine mit solcher Eleganz und fließenden Harmonie zu bewegen. Der Tausendfüßler dachte nach – und konnte von diesem Augenblick an nicht mehr gehen.

Weniger banal ausgedrückt ging es unserem Mann wie dem Hl. Petrus, der aus dem Boot sprang und auf den auf dem Wasser wandelnden Christus zueilte – bis ihm plötzlich die Unmöglichkeit dieses wundersamen Erlebnisses auffiel, worauf er prompt ins Wasser einsank und fast ertrank. (Fischer und Matrosen sind bekanntlich oft Nichtschwimmer.)

Unser Mann war ein sauberer Denker – das war Teil seines Problems. Deshalb sagte er sich,

daß die Frage nach der Ordnung der Welt gleichzeitig die Frage nach ihrer (und seiner) Sicherheit
war, und daß die Antwort entweder *ja* oder *nein*
zu sein hatte. War sie *nein* – doch hier stockte er
bereits. Eine regellose Welt, ein Leben ohne Ordnung? Wie hatte er bisher gelebt, wonach seine
Entscheidungen getroffen? Dann war ja die ru-
hige Sicherheit seines bisherigen Lebens und seiner Handlungen absurd und wirklichkeitsfremd
gewesen. Nun also hatte er sozusagen vom
Baume der Erkenntnis gegessen, aber nur seine
Unkenntnis erkannt. Und statt in die Wasser des
Sees Genezareth stürzte er solcherarts in jenes
Kellerloch, von dem aus bereits Dostojewskis
Anti-Held seine Tiraden gegen die lichte Ober-
welt hielt:

»Meine Herren, ich schwöre Ihnen, daß allzuviel erkennen Krankheit ist, eine richtige, echte
Krankheit. [...] Denn die direkte, gesetzmäßige,
unmittelbare Frucht der Erkenntnis ist Trägheit,
das heißt das bewußte Hände-im-Schoß-Stillsit-
zen.«

Nein, ein solcher Kellermensch wollte er nicht
sein. Pessimisten würden vielleicht behaupten,
daß er *noch* keiner war. Denn *noch* wollte er den
Dingen auf den Grund gehen. Da er *Nein* als Antwort auf seine Frage nicht annehmen konnte,

ging er also daran, nach Beweisen für *Ja* zu suchen. Und um ganz sicher zu sein, wollte er dieses Ja aus berufenstem Munde erhalten, nämlich von einem Vertreter der Königin der Wissenschaften.

Also ging er zum Mathematiker. Wäre er bloß nicht hingegangen! Das lange Gespräch kann hier nicht wiedergegeben werden; allein schon deswegen, weil der Mathematiker, wie die meisten Vertreter jener kristallklaren Wissenschaft, in einfachsten, selbstverständlichsten Begriffen zu reden glaubte, ohne zu verstehen, daß der Mann ihn nicht verstand. Mehrmals unterbrach der Mann den Gelehrten höflich: Es sei ihm nicht so sehr daran gelegen, daß es nachweisbar unendlich viele Primzahlen gäbe, als vielmehr daran, ob die Mathematik klare, eindeutige Regeln für richtige Entscheidungen in Lebensfragen biete, oder verläßliche Gesetze zur Voraussage zukünftiger Ereignisse. Und nun glaubte der Fachmann endlich verstanden zu haben, worauf der andere hinauswollte. Aber selbstverständlich, auf diese Fragen gäbe ein Teilgebiet der Mathematik klare Antworten; nämlich die Wahrscheinlichkeitslehre und die sich auf ihr gründende Statistik. So könne man zum Beispiel auf Grund jahrzehntelanger Untersuchungen mit an Sicherheit grenzender Wahrscheinlichkeit annehmen, daß die Benützung von Verkehrsflugzeugen für 99,92 Prozent der Passagiere vollkommen sicher sei, 0,08 Prozent aber bei Abstürzen ums Leben kämen. Als unser Mann nun bloß noch wissen wollte, welchem Prozentsatz er persönlich angehöre, riß dem Mathematiker die Geduld, und er warf ihn hinaus.

Es hat wenig Zweck, den langen, kostspieligen Leidensweg zu beschreiben, den er nun antrat und dessen Stationen ihn zu Philosophie, Logik, Soziologie, Theologie, einigen Kulten und anderen zweitrangigen Welterklärungen führten. Das Resultat war im wesentlichen dasselbe wie im Gespräch mit dem Mathematiker: Jedesmal schien es, als habe der betreffende Wissenszweig die wirkliche Lösung; jedesmal aber kam plötzlich ein Pferdefuß zum Vorschein oder eine Komplikation, die die fast erreichte Gewißheit wieder in weite Ferne rückte – zum Beispiel ans Ende der Zeit, an die Erreichung eines bestimmten außergewöhnlichen Geisteszustands oder an Voraussetzungen, die leider nur dann Gültigkeit hatten, wenn sie auch tatsächlich eintraten.

Die einzige handfeste Auswirkung dieser Suche nach Gewißheit war eine, die dem Mann selbst weniger auffiel als seinen Mitmenschen. Hatte er sich früher – wie gesagt – mit Urvertrauen und kindhafter Unschuld dem Leben hingegeben, wurde er nun sicherheitsbesessen. Manchmal fragte er sich allerdings selbst, wie es denn möglich war, daß er so lange sicher und zufrieden gewesen war, als er niemals über Sicherheit und Gewißheit nachgedacht hatte; daß er sich jetzt aber immer unsicherer fühlte, da er zusätzlich zu seinen Untersuchungen konkrete Maßnahmen ergriff, um die immer häufiger feststellbaren Gefahren zu bannen. Gerade diese Maßnahmen waren es, die den anderen auffielen. Denn es waren doch recht merkwürdige Dinge, auf die er da kam. Es hätte aber keinen besonderen Sinn, hier näher auf sie einzugehen. Ganz allgemein handelte es sich um bestimmte Verhaltensweisen, die bloß abergläubischen Handlungen insofern überlegen sind, als letztere – wie wir gleich sehen werden – das befürchtete Ereignis nicht verläßlich bannen, erstere aber die gewünschte Schutzwirkung immer und auf jeden Fall haben. Diese absolute Zuverlässigkeit hat allerdings damit zu tun, daß die zu vermeidende Gefahr ohnehin nicht besteht; wie zum Beispiel Malaria in Grönland oder – wie im bekannten Witz – die wilden Elefanten in europäischen Wäldern, die durch regelmäßiges Händeklatschen veranlaßt werden können, sich nicht sehen zu lassen. Freilich ist damit jeweils nur *eine* und vielleicht nicht einmal sehr dräuende Gefahr gebannt. Man bedenke nur, wieviele andere mögliche Gefahren von seinen Vorkehrungen nicht erfaßt wurden! Und nicht nur das – er mußte feststellen, daß sich die Mitmenschen ihm gegenüber immer problematischer zu benehmen begannen, je mehr er so zur allgemeinen Sicherheit der Welt beitrug. Man ging ihm aus dem Wege; Mütter hielten ihre Kinder von ihm fern; man lachte und tuschelte hinter seinem Rücken. Das störte ihn, erhöhte seine Unsicherheit und legte ihm nahe, sich seinerseits vor diesen Leuten in acht zu nehmen. Je mehr er sich hütete, desto mehr Grund fand er, sich zu hüten.

Aber auch wo andere Leute nicht unmittelbar ins Spiel kamen, wurde sein Leben zunehmend gefährlicher. So begann er zum Beispiel, dem Horoskop in der Tageszeitung Aufmerksamkeit zu schenken. Was die guten, erfreulichen Voraussagen betraf, so traten sie entweder ein oder nicht. Ihr Nichteintreten war enttäuschend, stellte aber keine besondere Gefahr dar. Die warnenden Voraussagen aber erwiesen sich irgendwie als ungleich verläßlicher. So las er eines Morgens beim Frühstück, daß heute besondere Vorsicht geboten sei, da den unter seinem Sternzeichen Geborenen (etwa 350 Millionen an der Zahl) ein Unfall drohte. Zuerst erschrak er so, daß er den Kaffee verschüttete. Da dies seiner Ansicht nach aber ein nicht genügend ernster Unfall war, um die Welt wieder ins Lot zu bringen, beschloß er, heute nicht den Autobus zu benützen, sondern zu Fuß zur Arbeit zu gehen. Gehen ist zwar sicherer als Fahren, aber bekanntlich ist wenigstens jeder 13. Schritt gefahrvoll, von der 13. Stufe einer Treppe ganz zu schweigen. Als er in der Fußgängerunterführung zu jener Stufe hinunterkam und sie überspringen wollte, stolperte er und schürfte sich das Knie auf. Das Horoskop hatte also recht. Da er in einem technischen Berufe stand, hatte er keine humanistisch-klassische Schulbildung. Auch war er (noch) nicht analysiert worden. Daher wußte er nicht, daß er einen berühmten Vorfahren hatte: Ödipus Rex, dessen Eltern das Orakel bekanntlich prophezeit hatte, daß er den Vater töten und die Mutter heiraten werde. Was immer die Eltern und Ödipus selbst nun unternahmen, um diesem Fluch zu entgehen, führte unerbittlich zur Erfüllung des Orakelspruches. (Nachträglich fällt es uns natürlich leicht zu sagen, daß das ganze Malheur sich hätte vermeiden lassen, wenn die Eltern der Pythia eine lange Nase gedreht hätten.)

Doch zurück zu unserem Manne. Die Jahre vergingen, nicht aber sein Problem. Das wurde nur subtiler und beherrschender, in gewissem

Sinne aber auch respektabler. Längst nämlich handelte es sich nicht mehr um bloße, banale Sicherheit, sondern um eine viel umfassendere Einstellung zur Welt und zum Leben; ein Sehnen, für das er nur so undeutliche Namen hatte, wie etwa Glücklichkeit, Harmonie, Stimmen, Lösung; oder das er in merkwürdigen Augenblicken unbegreiflicher Gerührtheit durch Musik oder auch durch scheinbar ganz triviale Ereignisse erlebte. – Und an diesem Punkte wollen wir ihn vorläufig verlassen, um am Ende des Buches zu ihm zurückzukehren. Vorher müssen wir, um ihn dann besser zu verstehen, eine Reihe anderer Patendlösungen untersuchen.

Zweimal soviel
ist doppelt so gut

»Dr. Xylmurbafi versteht wirklich etwas von seinem Fach«, sagte Herr Hypochon befriedigt zu seiner Frau. »Nun nehme ich diese Medizin erst seit einem Tag und fühle mich bereits wesentlich besser.« Er hatte Grund, sich zu freuen, denn bisher war es seinen Ärzten nicht gelungen, eine Besserung herbeizuführen. Und wen nimmt es wunder, daß er seiner Genesung ungeduldig entgegensah und sich daher überlegte, wie er sie beschleunigen könnte. Weniger offensichtlich ist aber, daß er damit zum willfährigen Opfer einer der banalsten und abgestandensten Einflüsterungen Hekates wurde, nämlich der Überzeugung, daß mehr desselben besser sein müßte. Er nahm also zweimal soviel ein und mußte am vergangenen Donnerstag mit Vergiftungserscheinungen ins Städtische Krankenhaus eingeliefert werden.

Na und, wird der Leser fragen, was ist denn daran schon so erwähnenswert? Darauf wäre zu antworten, daß gerade diese Einstellung uns für gerade diese Gefahr blind macht. Was ein Medikament betrifft, dürften die meisten von uns etwas intelligenter als Herr Hypochon sein. Aber darüber hinaus ist das keineswegs so, und davon weiß so mancher berufliche Problemlöser ein Lied zu singen; aber ein Lied, das er erst im Scheitern seiner Lösung zu singen lernte.

Nehmen wir nur den Vergrößerungswahn als Beispiel. Was scheint logischer, als von einer einmal gefundenen und seither vielfach bewährten Lösung anzunehmen, daß sie sich – entsprechend multipliziert – auf immer größere Problemkreise anwenden ließe. Hundertmal soviel ist aber nur in der reinen Mathematik hundertmal soviel. Der Trick, den Hekate nämlich in diese Situationen eingebaut hat und der zu den unerwartetsten Pannen führt, liegt darin, daß sie die Dinge im entscheidenden Augenblick von Quantität auf Qualität überspringen läßt, und dieser Sprung kommt für den gesunden Menschenverstand ganz überraschend.

Alle Tage Kuchen erzeugt Kuchenüberdruß; das leuchtet ein. Daß es für die Spannweite von Brücken eine Höchstgrenze gibt, überrascht auch den Laien nicht. An einem Punkt ist es eben *zuviel* – was immer dieses »es« nun sein mag. Zuviel ist zuviel, heißt es schon im Volksmunde. Aber was, so wird man fragen, hat das mit Qualität, also mit »anders« zu tun? Einige Beispiele als Antwort:

Zahlreiche Großunternehmungen, die sich nicht nur mit der Herstellung bereits im Handel befindlicher Waren, sondern auch mit der Entwicklung neuer oder verbesserter Produkte befassen und daher zusätzlich auch Forschung und Entwicklung betreiben, durchlaufen monoton sich wiederholende Krisen, die mit diesen Problemen des naiven Vergrößerns zu tun haben. Das sieht meist so aus: Die Wissenschaftler der Forschungs- und Entwicklungsabteilung haben in langer, kostspieliger Arbeit den Prototyp eines fabelhaften neuen Produkts zusammengebastelt, auf Herz und Nieren geprüft und stolz den Ingenieuren der Produktionsabteilung zur Massenherstellung übergeben. In den Händen der Produktionsleute erweist sich das neue Ding aber als höchst fehlerhaft und unzuverlässig. Und nun beginnen die beiden Abteilungen sich zu bekriegen: »Es ist doch wirklich nicht zuviel verlangt, diesen tadellos funktionierenden Makromikroparallelkompensator, so wie er da vor euch auf dem Tisch steht, haargenau in Massenproduktion zu übernehmen!« sagen die Forschungsleute. »Tadellos funktioniert er vielleicht in euren gelehrten Köpfen, aber nicht in der wirklichen Welt hier heraußen – hier sind die ersten 500 dieser Dinger, genau nach eurem Prototyp gebaut, und sie sind zum Wegwerfen«, ereifern sich die Produktionsleute. Das für Hekate Vergnügliche an der Situation ist, daß beide recht und beide unrecht haben. 500 MMP-Kompensatoren sind nicht nur mehr, sondern *anders* als der eine, ursprüngliche. In einem dieser Fälle stellte sich zum Beispiel heraus, daß die Forscher sich zur Herstellung einer bestimmten Emulsion einer kleinen Labor-Zentrifuge bedient hatten, die Produktionsingenieure aber für denselben Arbeitsgang einen riesigen, würfelförmigen Mischtank gebaut hatten. Was aus diesem Tank herauskam, hatte eben nicht dieselbe Konsistenz wie das Gemisch aus der Zentrifuge. Als Patendlösung versucht ein solches Unternehmen dann vielleicht, zu retten, was noch zu retten ist, und stellt sich auf die Produktion von Eierteigwaren um.

Zu theoretisch und zu wenig überzeugend? Schön – hier sind zwei weitere Fälle:

Es ist wesentlich unwirtschaftlicher, eine bestimmte Menge Erdöl in zwei kleineren Tankern zu befördern, als in *einem* Tankschiff mit doppelter Ladefähigkeit. Verdoppelung oder gar Verfünffachung der Tonnage wurde daher zur selbstverständlichen »Mehr desselben«-Lösung. *Mehr* desselben stellte sich aber zur Verwunderung der Fachleute nicht als *dasselbe* heraus: Von einer bestimmten Wasserverdrängung ab benehmen sich diese Riesen anders, nämlich unberechenbarer als ihre kleineren Vorfahren. Eine Reihe der Tankerkatastrophen der letzten Jahrzehnte, bei hellichtem Tage und ruhiger See, sind auf die Bockigkeit dieser Schiffe zurückzuführen. Außerdem neigen sie dazu, im unwahrscheinlichsten Augenblick zu explodieren, nämlich wenn sie *leer* auf der Fahrt zu den Ladehäfen sind, und die Mannschaft dabei ist, die riesigen Behälter mit Seewasser auszuspritzen.

Der zweite Fall ist noch lehrreicher. Um ihre riesigen Weltraumraketen vor dem Start vor Witterungseinflüssen – hauptsächlich Regen und

Blitzschlag – zu schützen, beschloß die amerikanische Weltraumbehörde, einen entsprechend großen Hangar aufzustellen. Hangars baut man bekanntlich seit Jahrzehnten, und man ging also frohgemut daran, die Baupläne des bisher größten eben mit zehn zu multiplizieren. Wie schon John Gall in seinem höchst lesenswerten Buch *Systemantics* [4]* erwähnt, stellte sich, vermutlich wiederum zur Verblüffung der Experten, heraus, daß ein Leerraum dieser Größe (es handelt sich um den größten Bau der Welt!) sein eigenes inneres Klima hat, nämlich Wolken, Regengüsse und Entladungen statischer Elektrizität – also genau das von sich aus hervorbringt, wogegen er schützen soll.

Eine im wesentlichen identische Patendlösung lag im Falle des Ehepaars Machin aus dem französischen Département Alpes-Maritimes vor, was beweist, daß sie im großen wie im kleinen funktioniert. Die beiden wünschten sich nichts sehnlicher als ein Kind, doch die Jahre verstrichen, und ihr Wunsch blieb unerfüllt. Und dann, als sie schon alle Hoffnung aufgegeben hatten, trat das Wunderbare doch ein; die Frau wurde

* Zahlen in eckigen Klammern beziehen sich auf die Literaturhinweise am Ende des Buches.

schwanger und gebar schließlich ein Söhnchen. Die Freude der beiden war unbeschreiblich, und sie wollten, daß der Name des Kindes ihr bleibenden Ausdruck verleihen solle. Lange suchten sie und einigten sich schließlich auf *Formidable*. Wie sich aber bald erwies, war dieser überspannte Name um so unglücklicher gewählt, als das Kind klein und schmächtig blieb und auch als Erwachsener daher die Zielscheibe geistloser Witze war, die sich monoton auf den Widerspruch zwischen seinem Namen und seiner Konstitution bezogen. Monsieur Machin litt schweigend, doch als er auf dem Sterbebett lag, sagte er zu seiner Frau: »Ich habe mich mein Leben lang mit diesem blödsinnigen Namen abfinden müssen, aber ich will nicht, daß er auch noch auf meinem Grabstein verewigt werde. Schreib du, was du willst, aber erwähne meinen Vornamen nicht.« Die Frau versprach's, er starb, und da ihr gemeinsames Leben wirklich harmonisch und liebevoll gewesen war, gab sie nach langem Sinnen einen Grabstein in Auftrag, auf dem zu lesen stand: »Hier liegt ein Mann, der seiner Frau stets liebend und treu zugetan war.« — Und jedermann, der vorbeikam und die Inschrift las, sagte: »*Tiens, c'est formidable!*«

Wer einmal so richtig am eigenen Leib dieses unvorhergesehene und unvorhersehbare Umschlagen einer versuchten Lösung in mehr derselben Problematik erfahren hat, wird mit Leichtigkeit den falschen Schluß daraus ziehen und auf eine andere Patendlösung hereinfallen, die das genaue Gegenteil der eben beschriebenen zu sein scheint. Sie ist unser nächstes Thema.

Vom Schlechten des Guten

Wenn etwas schlecht ist, muß das Gegenteil gut sein – das scheint fast noch logischer als das Vertrauen ins doppelt so Gute. Von wem diese Idee in die Welt gesetzt wurde, kann anscheinend niemand mit Sicherheit angeben, doch neigen Philosophen und Religionshistoriker dazu, sie Mani in die Schuhe zu schieben. Mani (216–276) war bekanntlich der Gründer einer gnostischen Weltreligion, eben des Manichäismus, deren rasche Verbreitung eine Zeitlang fast das Christentum verdrängte. Er verfocht einen radikalen Dualismus, einen unvereinbaren Gegensatz zwischen Licht und Finsternis, Geist und Materie, Gott und Teufel; ein Gegensatz, der nur durch den absoluten Sieg des Guten gelöst werden kann. Ob unsere Ahnen wirklich auf Mani warten mußten, um die Welt in Gegensatzpaare aufzuspalten, scheint fraglich. Schließlich hatten Adam und Eva schon lange vor Mani vom Baume der sogenannten Erkenntnis gegessen und dabei gut von bös zu unterscheiden gelernt; und zweitens scheinen sogar die Tiere mit dieser Philosophie ganz gut auszukommen. Fressen ist gut, Hungern ist schlecht, Gefressenwerden erst recht – so *ist* die Welt, und um das zu verstehen, braucht man kein Philosoph zu werden. Also?

Leider oder – je nach Geschmack – glücklicherweise ist es aber nicht so einfach. Und um das näher zu untersuchen, wollen wir uns die Laufbahn eines nur scheinbar erdichteten Mannes vor Augen führen, der allen Ernstes nach der Philosophie der Gegensatzpaare zu leben versucht. Ich sage »scheinbar erdichtet«, da dem Leser dazu sofort die Namen zahlreicher Persönlichkeiten aus allen Zeiten und Zonen einfallen werden. Er soll meinetwegen den exotischen Namen Ide Olog haben. Also:

Aus Ologs frühem Leben ist nicht viel zu berichten, außer, daß er ein empfindsames Kind war, obwohl (oder vielleicht gerade weil) seine Kindheit ungewöhnlich frei von Unannehmlichkeiten, Versagungen und Enttäuschungen gewesen war und nie jemand besondere Ansprüche an ihn gestellt hatte. Er war also denkbar schlecht darauf vorbereitet, was über ihn hereinbrach, als er das Elternhaus verließ. Die Kalamität kam für ihn recht nahe an die biblische Vertreibung aus dem Paradies heran, und vor allem wurde auch er sich der Zweiteilung unserer Welt in gut und bös bewußt. Der wesentliche Unterschied zwischen ihm und unser aller Urvater war aber der, daß — soweit wir es wissen — Adam sich irgendwie mit der neuen Lage abfand, der junge Olog aber vor allem darüber empört war, daß die Umwelt plötzlich ihren selbstverständlichen Verpflichtungen ihm gegenüber nicht mehr nachkam. Die Welt war aus den Fugen — im Gegensatz zu Hamlet aber gefiel es ihm zu denken, daß er geboren war, sie wieder einzurenken.

Damit aber setzte er sich selbst auf die Kandidatenliste der Hexen. Denn wie die Geheimdienste immer auf der Suche nach Trinkern, Bankrotteuren und Schürzenjägern sind, die sich unter Druck setzen lassen, nehmen sich Hekate und ihre Agentinnen mit Vorliebe jener Menschen an, die die Welt nicht nur einrenken, sondern womöglich sogar beglücken wollen.

»Der junge Olog ist wirklich vielversprechend«, sagte die Hexe, die ihn schon länger beschattete. »Stellt euch vor, heute hatte er einen Wutanfall, als er im Postamt recht lieblos aufgefordert wurde, sich gefälligst wie alle anderen vor dem Schalter anzustellen. Nun sitzt er daheim und brütet.«

»Ha, Brüter gefallen mir, vor allem schnelle«, sagte die zweite Hexe, »mit denen kommt man rasch weiter!«

Hekate war interessiert und ließ sich Vorschläge machen. Schließlich einigte man sich auf ein stufenweises Vorgehen, dessen Verlauf und Erfolg nun beschrieben werden soll.

Als erstes erzeugte man in Olog die fraglose Gewißheit, daß seine Sicht der Welt die einzig richtige war. Das zu erreichen war nicht besonders schwierig, da sein geistiger Horizont ungefähr die Breite eines Fernsehschirms hatte und ihm daher die ernüchternde Erkenntnis erspart blieb, daß die genialen Lösungen, die da so morgenrot und taufrisch im Osten aufsteigen mögen, unweigerlich schon da gewesen waren und vor mindestens 40 Jahren als zwecklos über den westlichen Horizont hinunter in die Kläranlage der Ideen gespült worden waren.

Der zweite Schritt hatte fast sofortigen Erfolg. Es drängte sich Olog nämlich die Frage auf, wieso nur er das Übel der Welt so klar sah, die anderen aber tatenlos dahinvegetierten und sich mit den Gegebenheiten abfanden. Da mußte eine finstere Macht im Spiele sein, die die Menschheit ... Moment, ja, das war's: die die Menschheit *mystifizierte*. Und nun hatte das Phänomen einen Namen, und da es einen Namen hatte, war es ein Phänomen, ein wirkliches, feststellbar existierendes Phänomen. Ja, glauben Sie denn vielleicht, daß es Namen ohne die benannten Dinge gibt? Namen ohne Substanz, so wie Engelchen auf Barockgemälden, die nur Kopf und Flügel, aber keine Körper haben? Nein, nein, das Entdecken eines Namens ist das Entdecken des *Dings*. Wenn dem nicht so wäre, stünde es schlecht um uns, denn was täten wir ohne Äther, Phlogiston, Erdstrahlen, Einflüsse der Planeten, Schizophrenie, Phrenologie, Charakterologie, Numerologie? Und glauben Sie, es war ein Zufall, daß schließlich Vor- und Zuname unseres Helden zum Begriff *Ideologie* verschmolzen? – Doch noch sind wir nicht so weit.

Und wer mystifiziert? Doch nur, wer ein Interesse daran hat, die Massen in ihrer dumpfen Bescheidung in die Unvollkommenheit der Welt zu belassen. Leute also, die dem Marsch der Menschheit in das irdische Paradies im Wege stehen. Wer sind sie, wo stehen sie? Bekanntlich ist es schwer, jemanden zu finden, von dessen Verbleib man keine Ahnung hat. Da schien es Olog viel einfacher, die Massen in Schwung zu bringen, ihnen die Augen für die Wahrheit zu öffnen. – Sie sehen, wie Olog das Denken in Gegensatzpaaren bereits beherrschte: wahr und falsch, Glück und Unglück, aktiv und passiv, frei und unfrei, und vor allem gut und schlecht.

Man mißverstehe mich bitte nicht: Olog war ein reiner Tor; er wollte das Gute und das Glück, und er wollte es für alle – auch für die, die es noch nicht begriffen hatten. Damit aber war er an jenem Punkte angelangt, an dem der weitere Verlauf der Dinge seine Eigendynamik annahm und zwischen Olog und Macbeth keine wesentlichen Unterschiede mehr bestanden. Freilich watete er (noch) nicht in Blut, während Macbeth anscheinend aber auch jedes »Sendungsbewußtsein« abging; er war ja kein Ideologe, sondern »nur« ein machthungriger, sicherheitsbesessener Gewalttäter.

Wie aber kam es schließlich doch dazu, daß

Olog in seinem Sendungsbewußtsein eine Zeitbombe in einem überfüllten Bahnhofrestaurant zur Explosion brachte, die mehrere Menschen tötete und viele verletzte?

Hier wird es notwendig, ein bisher unerwähntes Element in meine Darlegungen einzubeziehen. Der Leser mag jetzt den Eindruck haben, daß Hekate ihre finsteren Patendlösungen einer hilf- und wehrlosen Welt eingibt, die sich der jeweiligen Katastrophe erst bewußt wird, wenn es längst zu spät ist. (»Blödsinn, der nimmerzulöschende, jetzt Schicksal genannt« nennt Max Frisch dies in seinem *Biedermann und die Brandstifter*.) Es gibt nämlich Individuen, die es irgendwie fertigbringen, Hekate in die Karten zu schauen, und die ihr Spiel zu stören trachten. Von diesen Wölfen im Schafspelz werden wir im Laufe meiner Fallbeschreibungen mehrere kennenlernen. Einer von ihnen, zum Beispiel, ist Hermann Lübbe, der den Mechanismus der Selbstermächtigung zur Gewalt [10] identifizierte. Er macht uns Ologs aus Liebe zur Menschheit geborenen Terrorakt verständlicher. Wenn nämlich ein zunächst nur von des Gedanken Blässe angekränkelter Rufer in der Wüste sich kein Gehör verschaffen kann, phantasiert er sich früher oder später in die Rolle des Chirurgen hinein, den die Vorsehung dazu aufgerufen hat, im Interesse der hilfsbedürftigen, aber begriffsstutzigen Menschheit das heilende Messer anzusetzen. Zu erwähnen wäre nur noch, daß *er* an seiner Tat nur eines unverständlich fand, nämlich daß sie, statt die mystifizierende Zwangsordnung zu destabilisieren, nur bewirkte, daß das Grauen und die Empörung über das Blutbad auch Menschen verschiedenster Anschauungen einander näher brachte und nach mehr derselben Ordnung rufen ließ. Es versteht sich von selbst, daß er sich daher zu mehr derselben Wahnsinnstaten veranlaßt fühlte.

Soweit der Fall des Ideologen Olog. Der Leser mag ihn vielleicht ganz anders sehen. Ich berichte nur, enthalte mich aber jeder Stellungnahme. Freilich hatte schon Heraklit warnend darauf verwiesen, daß extreme Haltungen nicht zur Aufhebung des Gegensatzes, sondern vielmehr zur Stärkung des Gegenteils führen. Aber wen kümmert schon Heraklit? Es ist viel edler und heroischer, sich rest- und vorbehaltlos einer herrlichen Idee zu verschreiben, auch wenn man sich dabei die Hände schmutzig macht und das Schicksal bald an die Pforte klopft (pumpumpum-pomm ...).

Die Hexen jedenfalls gratulierten sich herzlich. Wieder einmal war ihnen der im Grunde lächerliche Trick gelungen, das Schlechte des Guten für ihre Zwecke nutzbar zu machen. Und damit komme ich endlich zum Wesentlichen: Im vorhergehenden Kapitel sahen wir, daß doppelt soviel nicht immer zweimal so gut ist. Nun erhebt sich der Verdacht, daß das Gegenteil von schlecht nicht notwendigerweise gut ist, sondern noch schlechter sein kann. In die immer vergeistigtere Marmormusik der griechischen Tempel brach der nächtlich-chaotische Dionysos ein; die überschwengliche Verehrung des Weiblichen im Marienkult und im Minnedienst hatte als grausigen Weggenossen die Hexenverbrennungen; die Religion der Liebe verirrte sich zur Inquisition; die Ideale der Französischen Revolution machten die Einführung der Guillotine notwendig; auf den Schah folgte der Ayatollah; auf die Somozas die Sandinistas; und in Saigon fragt man sich vermutlich schon längst ratlos, was schlimmer war: die Befreier aus den USA oder aus Hanoi.

Wieso? Weil's mit der Annahme, das Gegenteil des Schlechten sei das Gute, irgendwie nicht stimmt — nicht weil das Gute noch nicht gut genug oder sein Gegenteil doch noch nicht mit Stumpf und Stiel ausgerottet ist.

Ich habe mich in meinen eigenen Behauptungen verfangen, und mein Schluß steht in direktem Widerspruch zu der ursprünglichen Idee, von der ich ausgehe. Indem ich von schrankenloser Freiheit ausgehe, schließe ich mit unbeschränktem Despotismus. Aber ich füge hinzu, daß es außer meiner Lösung der gesellschaftlichen Formel keine andere geben kann,

läßt Dostojewski seinen Weltbeglücker Schigaljów in den *Dämonen* sagen. Und sein Zeitgenosse Berdjajew schreibt ähnliches über die Freiheit:

Die Freiheit kann nicht identifiziert werden mit dem Guten, mit der Wahrheit, mit der Vollkommenheit. [...] Und eine jede Vermengung und Identifizierung der Freiheit mit dem Guten und der Vollkommenheit selbst ist eine Verneinung der Freiheit, ist ein Bekenntnis zu Gewalt und Nötigung. Das zwangsweise Gute ist schon nicht mehr das Gute, es wird so zum Bösen. [2]

»Sire, das Streben nach Vollkommenheit ist eine der gefährlichsten Krankheiten, die den menschlichen Geist befallen können«, steht in einer Ansprache des französischen Senats an Napoleon I zu lesen. »Jedes psychologische Extrem enthält im Geheimen seinen Gegensatz oder steht sonstwie mit diesem in nächster und wesentlicher Beziehung«, schreibt C. G. Jung [7]. Und mit einzigartiger Klarheit beschreibt Laotse bereits vor zweieinhalb Jahrtausenden das Aufkommen des Bösen durch die Hinwendung zum Guten:

Der große Sinn ward verlassen:
so gab es Sittlichkeit und Pflicht.
Klugheit und Erkenntnis kamen auf:
so gab es große Lügen.
Die Blutsverwandten wurden uneins:
so gab es Kindespflicht und Liebe.
Die Staaten kamen in Verwirrung und Unordnung:
so gab es treue Diener.

Damit ist nichts erklärt, aber eine Gegebenheit unserer Welt klar beschrieben: Wer das *summum bonum* will, setzt damit auch schon das *summum malum*. Das kompromißlose Streben nach dem höchsten Gut – sei es Sicherheit, Vaterland, Friede, Freiheit, Glück oder was immer – ist eine Patendlösung, oder (mit Verlaub, Herr Geheimer Rat) eine Kraft, die stets das Gute will und stets das Böse schafft.

Bloß, bitte nur nicht laut weitersagen, wenn Sie in gewissen Ländern leben, denn sonst landen Sie in einem »Umschulungslager« oder die Friedenskämpfer schlagen Ihnen den Schädel ein...

Das Dritte,
das es (angeblich) nicht gibt

Vielleicht übertreibe ich, und es ist doch nicht ganz so gefährlich. Aber es besteht kein Zweifel, daß die manichäische Welt, die Welt der Gegensatzpaare (mit Entscheidungs- bzw. Unterwerfungszwang), in schwere Verlegenheiten käme, wenn es mehr Leute vom Schlage des Franzl Wokurka aus dem österreichischen Ort Steinhof gäbe. Die Leiden des jungen Franzl – denn von ihnen soll hier einleitend kurz die Rede sein – erreichten ihren Höhepunkt, als er als dreizehnjähriger Gymnasiast im Stadtpark vor einem großen Blumenbeet stand und davor eine kleine Tafel mit der Aufschrift entdeckte: *Das Betreten der Beete ist bei Strafe verboten.* Dies löste bei ihm ein in den letzten Jahren immer wieder aufgetauchtes Problem aus, denn wieder einmal schien die Lage der Dinge ihm nur eine von zwei Möglichkeiten offenzulassen, und beide waren unannehmbar: Entweder seine Freiheit gegenüber dieser Unterdrückung durch die Obrigkeit zu behaupten und im Blumenbeet herumzutrampeln, gleichzeitig aber auch zu riskieren, erwischt zu werden; oder dies nicht zu tun. Aber schon beim bloßen Gedanken, einem schäbigen Schild gehorchen zu müssen, kam ihm die Wut über die Feigheit einer solchen Unterwerfung. Lange stand er da, unentschlossen, ratlos, bis ihm plötzlich, vielleicht deswegen, weil es ihm noch nie eingefallen war, Blumen anzusehen, etwas völlig anderes in den Sinn kam, nämlich: *Die Blumen sind wunderschön.*

Lieber Leser, finden Sie die Geschichte banal? Da könnte ich Ihnen nur sagen: Der junge Wokurka sah es nicht so. Die Einsicht schlug über ihm zusammen wie eine brandende Welle, die einen gleich darauf emporhebt und schwerelos trägt. Er wurde sich plötzlich der Möglichkeit des

Andersseins seines bisherigen Weltbildes bewußt. *Ich* will das Beet so, wie es ist; *ich* will diese Schönheit; *ich* bin mein eigenes Gesetz, meine eigene Autorität, wiederholte er immer wieder vor sich hin. Und auf einmal hatte das Verbotsschild keinerlei Bedeutung mehr; die manichäische Zwickmühle des Gegensatzpaares »Unterwerfung oder Rebellion« hatte sich ins Nichts aufgelöst. Freilich, das Hochgefühl war von kurzer Dauer, aber grundsätzlich hatte sich doch etwas geändert; da war nun etwas wie eine leise Melodie in ihm, meist fast unhörbar, in jenen Augenblicken aber doch oft laut genug, da die Welt wieder einmal im Morast des Entweder-Oder zu versinken schien. Als er zum Beispiel autofahren lernte, legte er den Sicherheitsgurt immer an, weil *er* entschieden hatte, daß das Gurtetragen eine vernünftige Sicherheitsmaßnahme war. Und als bald darauf die leidenschaftliche Kontroverse darüber entflammte, ob der Staat das Recht hat, den Bürger zum Gebrauch der Sitzgurte zu zwingen, war ihm das ganze Hin und Her der öffentlichen Auseinandersetzung völlig wurscht. Er stand *außerhalb*.

Später begann er, sich ernsthaft und systematisch mit dieser Lebensphilosophie zu befassen. Lassen wir unserer Phantasie freien Lauf, und wir sehen ihn auf einmal außerstande, die schlichte Logik des Wortes »Wer nicht für mich ist, ist gegen mich« zu begreifen. Wenn er sich das überlegte, war ihm dabei zumute wie jenem Angeklagten, den der Richter fragt: »Haben Sie endlich aufgehört, Ihre Frau zu mißhandeln – ja oder nein?«, und der ihm mit einer zusätzlichen Bestrafung droht, weil jener deswegen weder »ja« noch »nein« antworten kann, weil er seine Frau *nie* geprügelt hat. Vielleicht erschienen ihm diese Situationen nun wie ein böser Traum, und der Vergleich würde zutreffen, denn was immer man bekanntlich in einem Alptraum zu tun versucht – fliehen, sich verstecken, sich wehren – befreit den Träumer nicht von seinem Traum. Einem Alptraum entkommt man nur durch Aufwachen; aber Aufwachen ist eben nicht mehr Teil des Traums, sondern etwas grundsätzlich anderes, *außerhalb* des Traums.

Erst auf der Universität erfuhr Franzl, daß dieses *Andere* sein Unwesen in der formalen Logik treibt. Ähnlich wie im Falle des oben erwähnten Bibelwortes wurde dort zuerst postuliert, daß jede Aussage entweder wahr oder falsch sei und daß es ein Drittes nicht gäbe (*tertium non datur*). Dann aber kam jenes *enfant terrible*, jener klassische Lügner, der »Ich lüge« sagte. Wenn er wirklich log, sagte er also die Wahrheit; aber dann log er also, wenn er sagte »Ich lüge«. Und was halten Sie heute, Jahrtausende später, von der Behauptung »der König von Frankreich ist kahlköpfig«? Wahr oder falsch?

»Leute wie dieser Wokurka vergiften einem die Freude am Beruf«, schimpfte die zweite Hexe. »Da verschwendest du Zeit und Mühe und konstruierst eine Situation, in der es nur zwei Möglichkeiten gibt, und beide sind Patendlösungen – und dann findet der Kerl eine dritte und zieht sich aus der Affäre. Ich lasse ihm zum Beispiel nur die Wahl zwischen Feigheit und einer tollkühnen Verrücktheit, und er wählt die Tapferkeit; ich versuche, in ihm Unlust vor etwas zu erwecken, damit er der Lust nachzujagen beginnt – und ihm ist das eine wie das andere gleichgültig; und kürzlich wollte ich ihn durch andere Leute dazu zwingen, klipp und klar anzugeben, ob er an Gott glaube oder nicht – und er zuckte nur die Achseln und zitierte Kant, Comte und Spencer (wer weiß, wer die waren), wonach Gott, wenn es Ihn gibt, in Seinem Wesen nicht erkannt werden könne. Daher, so Wokurka, sei dieser ewige Streit zwischen Gottesgläubigen und Atheisten für ihn ein Pseudoproblem; er sei Agnostiker. – Und ich weiß sogar, daß er schon damals, 1942, seiner Heimtücke so richtig freien

Lauf ließ. Ihr wißt, damals begann es unserem gottgesandten, heißgeliebten Endlöser an den Kragen zu gehen, und er ließ daher diese schönen Plakate ankleistern: *Nationalsozialismus oder bolschewistisches Chaos?* Die Idee war ausgezeichnet, denn auch dem Dümmsten mußte dadurch klarwerden, daß er sich zwischen dem Edlen, Guten, und dem teuflisch Bösen zu entscheiden hatte. Und was tat Wokurka? Kleine Zettel klebte er an die Plakate mit der Aufschrift: *Erdäpfel oder Kartoffel?* Herrjeh, haben sich die Tausendjährigen geärgert, daß ihnen da jemand ihre amtliche und endgültige Definition der Wirklichkeit verhohnigelte! – Ungefährlich war das freilich nicht; aber ich glaube, nicht einmal zum Selbstmordkandidaten würde sich dieser Wokurka eignen. Dem ist zuzutrauen, daß er auch noch jenseits von Weiterleben und sich Umbringen ein Drittes fände. Dieser Mensch ist gefährlich – auf die Schwarze Liste mit ihm.«

»Meinetwegen«, sagte Hekate. »Aber du scheinst vergessen zu haben, daß wir uns mit solchen Typen seit langem herumschlagen. Erinnere dich nur, wie uns 1334 der Burgherr von Hochosterwitz durch die Lappen ging – uns und Margareta Maultasch, die die Burg belagerte. Nur ein Ochs und ein Sack Gerste waren ihm noch ver-

48

blieben, und statt zwischen Kapitulation und Hungertod zu wählen, was tat der Kerl? Jedes Schulkind weiß es: Läßt den Ochsen schlachten, die Gerste in den Bauch stopfen, und das Ganze über den Burgfelsen hinunter vor Margaretas Lager werfen. Und die sagt sich dann, was hat es für einen Zweck, noch weiter zu belagern, wenn die so viel zu essen haben, daß sie uns davon abgeben können? Abgezogen ist sie. Und haben die auf der Burg gelacht! Natürlich alles Österreicher, wie der Wokurka Franzl. Diese Irrelevantiner des Westens, wie sie einer der Ihren selbst genannt hat. Bei denen ist die Lage eh immer hoffnungslos, aber nicht ernst.«

Das ausgeschlossene *tertium*, das Dritte, scheint es also zu geben. Aber es lebt wohl im Verborgenen, im Schatten des gesunden Menschenverstandes, für den die Welt klar und verläßlich in unversöhnliche Gegensätze geteilt ist. Laotse nennt es nicht das Dritte, sondern den Ewigen Sinn. Nur ist leider auch dieser Name ein Gefangener der manichäischen Welt, da er sein Gegenteil im Ewigen Unsinn hat. Ist das vielleicht der Grund, weshalb es Religionen gibt, in denen Gott nicht benannt werden darf ...?

Eine »Kettenreaktion« des Guten?

Wie Sie lesen, lieber Leser, sind die Hexen weder in Logik noch in Metaphysik besonders bewandert, und es unterlaufen ihnen daher gelegentliche Pannen. Aber auch auf weniger esoterischen Gebieten scheitern ihre schönsten Pläne oft an unvermuteten Klippen.

Ein solcher Fall, der stellvertretend für viele stehen kann, ist der merkwürdige Umschwung im Leben von Amadeo Cacciavillani aus dem Städtchen Finimondo ziemlich weit südöstlich von Florenz. Sig. Cacciavillani verkörperte das, was man in Begriffen der mathematischen Spieltheorie einen Nullsummenspieler nennen würde. Und das hatte gar nichts unmittelbar mit seiner italienischen Abstammung zu tun, denn Nullsummenspieler sitzen ja sogar im Weißen Haus und im Kreml.

(Der Ausdruck *Nullsummenspiel* bezieht sich auf Spielsituationen, deren einfachstes Beispiel eine Wette zwischen zwei Personen ist. Was die eine verliert, zum Beispiel 50 Mark, stellt den Gewinn der anderen dar. Gewinn (plus 50) und Verlust (minus 50) ergeben zusammengezählt Null. Gewinn und Verlust sind hier also untrennbar aufeinander bezogen; der eine ist ohne den anderen undenkbar.)

Nullsummenspieler sein heißt, sich mit Haut und Haar der manichäischen These verschrieben zu haben, daß es in *allen* Lebenslagen nur zwei Möglichkeiten gibt: Gewinnen oder Verlieren; ein Drittes gibt es wieder einmal nicht. Diese Philosophie wird seit undenklichen Zeiten in Militärakademien und ähnlichen Anstalten gelehrt; obwohl in Fairneß zu bemerken wäre, daß dort bis vor etwa zwei Jahrhunderten auch Ausnahmen gemacht wurden, daß zum Beispiel das Ehrenwort des feindlichen Generals für absolut glaubwürdig erachtet wurde. (Von abergläubischen Ideen dieser Art haben wir uns inzwischen aber befreit.)

Die Programmierung junger Menschen zu Nullsummenspielern wird von Hekate eifrig und auf verschiedenste Weise betrieben. Die Militärs haben wir bereits kurz gewürdigt. Besonders lobende Erwähnung verdienen aber auch die Sporttrainer mit ihrer Betonung der alles überragenden Bedeutung des Gewinnens (und damit auch des raschen Handelns, das eben wieder einmal nicht von des Gedankens Blässe angekränkelt sein sollte), und der Schmach jeder Niederlage. Die veredelnde Wirkung der ganz aufs Sieghafte ausgerichteten Massenmedien braucht nicht eigens erwähnt zu werden.

In Cacciavillani war all dies in besonders reiner Form zusammengekommen. Er lebte fürs Gewinnen in jeder, aber auch jeder Hinsicht – und daher in ununterbrochener Angst vor dem Verlieren. Damit war seine Philosophie einfach, aber unbequem; denn immer in höchster Alarmbereitschaft zu leben kann selbst dem Stärksten auf die Nerven gehen. Daß er aus dieser permanenten Angst heraus dazu neigte, sich am Mißgeschick anderer zu erfreuen, sei nur ganz nebenbei erwähnt. Dazu kam noch etwas, für das er ganz blind war. Seine dauernde Angriffs- und Abwehrhaltung *erzeugte* weitgehend die Situationen, gegen die er sich dauernd wappnen zu müssen glaubte, und bewies ihm wiederum die Richtigkeit seiner Annahme vom Leben als dauerndem Kampf. Es kann der Beste nicht in Frieden leben, wenn es dem bösen Nachbarn nicht gefällt: Die Macht des Nullsummenspiels liegt darin, daß es seine Regeln anderen Menschen praktisch unausweichlich aufzwingt — ob die anderen selbst Nullsummen spielen wollen oder nicht.

Soweit die Ausgangslage. Vor etwa eineinhalb Jahren nun, an einem trüben Wintermorgen, stellte Sig. Cacciavillani seinen Wagen in einer Seitenstraße ziemlich weit von seinem Büro ab. Nachdem er an die 200 Meter zu Fuß gegangen war, hörte er hinter sich rasche Schritte und dann die Stimme eines Unbekannten: »Sie haben Ihre Wagenlichter angelassen.« Und dann hatte der Fremde schon wieder kehrtgemacht und war eilig weggegangen.

Cacciavillanis erste Reaktion war — natürlich — die Frage: Wie will mich der hineinlegen? Was hat der vor? Aber der andere schien kein weiteres Interesse an ihm zu haben und war schon zwischen den zur Arbeit hastenden Menschen verschwunden. Cacciavillani stand ratlos da, oder, genauer gesagt, es war ihm zumute wie vielleicht einem großen Forscher, der im Teleskop, Mikroskop oder Reagenzglas eben etwas entdeckt hat, das der bisherigen wissenschaftlichen Auffassung glatt widerspricht. »Was hat dieser Mensch bloß davon, mir, einem völlig Unbekannten, nachzurennen und mir zu sagen, daß ich die Wagenlichter nicht gelöscht habe?« Und gleich darauf erinnerte er sich, wie *er* gelegentlich geparkte Autos mit versehentlich angelassenen Lichtern gesehen hatte und wie der Gedanke an den Ärger des Besitzers, der spät abends mit leerer Batterie dastehen würde, einen Funken Schadenfreude in sein sonst so freudloses Dasein gebracht hatte.

Was Cacciavillani zu diesem Zeitpunkt noch nicht wußte, war, daß die Anständigkeit jenes Unbekannten ihm die Regeln eines ganz anderen Spiels aufgezwungen hatte. Als er aber nachdenklich zum Wagen zurückging, um die Lichter zu löschen, hatte er ein undeutliches Gefühl der Verpflichtung, das ihm völlig neu war – ein Gefühl der Verpflichtung gegenüber irgendeinem anderen Menschen in ähnlicher Lage. Vorläufig blieb es latent. Das wirklich entscheidende Ereignis trat erst Monate später ein. Da fand er eine recht

gut gefüllte Brieftasche und rieb sich die Hände
vor Freude über diesen unverhofften Gewinn.
Und ausgerechnet da mußte er an den Unbekannten denken, der ihm nachgelaufen war, und auf
einmal ging's nicht. Er saß da, starrte auf das
Geld, auf die Carta d'identità des Verlierers, auf
ein paar armselige Fotos – und da raffte er alles
zusammen, stieg in seinen Wagen und fuhr hin,
auf die andere Seite von Finimondo. Der Mann
lebte in einem schäbigen Haus, allein, und wollte
zunächst seinem Glück nicht trauen, als Cacciavillani ihm die Brieftasche hinlegte, kurz erklärte,
wo er sie gefunden hatte, und dann zu seiner eigenen größten Überraschung auch noch Vergnügen
daran fand, die Annahme des Finderlohns zu ver-
weigern, den der andere ihm (ohne große Begei-
sterung) zahlen wollte.

Nun traf sich, daß der Verlierer selbst ein Nullsummenspieler war. »Phantastisch«, sagte er sich,
als Cacciavillani abgefahren war, »ich hätte nie
gedacht, daß ich meine Brieftasche in ein paar
Stunden wieder haben würde. Aber, ehrlich gesagt, so blöd müßt ich einmal sein und gefundenes
Geld zurückgeben...« Hierin irrte er, denn ohne es
zu wissen, hatte Cacciavillani ihm nun seinerseits
die Regeln jenes merkwürdigen Spiels aufgezwungen,
und als sich das nächste Mal in seinem Leben

eine vergleichbare Situation ergab, war auch er »so blöd«.

Die Moral von der Geschicht'? Der Unbekannte hatte anscheinend eine Kettenreaktion ausgelöst, da die Sache eben nicht bei Cacciavillani und dem Mann mit der Brieftasche haltmachte, sondern sich trotz zahlreicher Rückfälle der beiden weiter fortpflanzte. Ja, Amadeo Cacciavillani begann diese Form des Gewinnens und der »Macht« über andere Menschen langsam sogar Spaß zu machen.

Nur die Hexen ärgerten sich.

Nicht-Nullsummenspiele

Das Hekate-Team hatte Grund, sich zu ärgern. Es kommt nämlich immer wieder vor, daß selbst eingefleischte Nullsummenspieler ihrer Ideologie überdrüssig werden und ins Lager der Feinde überlaufen. Dabei sind die erwähnten Fälle noch keineswegs die schlimmsten. Wie wir sahen, nullsummte zum Beispiel Cacciavillani insofern doch weiter, als es ihm Spaß machte, seine neuentdeckte Macht anderen »aufzuzwingen« und sich eben doch als Sieger zu fühlen. Damit steht er aber ziemlich allein da, denn den meisten Menschen, die sich in einer solchen Kettenreaktion des Guten verfangen haben, kommt nicht einmal das in den Sinn. Einem sich von rechts in eine dahinkriechende Wagenschlange eingliedern wollenden Fahrer lassen sie Platz und winken ihn herein, ohne auch nur einen Gedanken darauf zu verschwenden, daß das eigentlich (im Nullsummenspiel) eine Niederlage ist.

Wer den obigen Fallbeschreibungen mißtraut, dessen Zweifel möchte ich mit historisch verbürgten Beispielen weit größeren Ausmaßes zerstreuen:

Bis spätestens Hiroschima galt auch der Krieg als Nullsummenspiel, da die Gebiete, die der eine Staat verlor, den Gewinn des »Siegers« darstellten. Daß dabei unter Umständen Millionen von Menschen ums Leben kamen, fiel nicht besonders ins Gewicht, denn schließlich starben sie ja den Heldentod (*dulce et decorum est pro patria mori*), und die Kriegsführer selbst starben meist nicht am Kriegführen, sondern erst in Pension. Was aber den Heldentod betrifft, so ist er nicht jedermanns Sache, und zwar nicht nur der eigene, sondern auch das Zufügen dieser Ehre an einen Mitmenschen – auch wenn er eine andere Uniform trägt. In Flandern, bekanntlich einem der Brennpunkte heftigster Kämpfe im Ersten Weltkrieg, mitten in Schlamm, Verzweiflung, Giftgas, Blut und Tod, bildete sich von selbst, ganz ohne menschliche Absicht, immer wieder etwas heraus, das der Historiker Ashworth [1] das »System des Leben-und-Lebenlassens« nennt und ausführlich beschreibt. Demnach war es um die Siegeslust beider Seiten nicht gut bestellt. Gerade die Tatsache, daß man selbst, genau wie der »Feind«, diesen unmenschlichen Verhältnissen nicht nur passiv ausgeliefert war, sondern zu ihnen auch noch aktiv beitragen sollte, lähmte das Nullsummendenken, das jeden tapferen Soldaten inspirieren sollte. Nicht selten waren die feindlichen Gräben nur 15 Meter vor den eigenen, und es wäre ein leichtes gewesen, sich gegenseitig dauernd mit Handgranaten zu dezimieren. Nicht nur war dies aber oft wochenlang nicht der Fall, sondern es entwickelten sich zwischen den beiden Seiten geradezu freundschaftliche Gefühle; zum Beispiel in der Weihnachtszeit. Oft kam es an langen Frontabschnitten zu völliger Ruhe, und langsam bildeten sich da auch andere, ganz spontane, aber von beiden Seiten respektierte Nichtangriffsrituale heraus, wie zum Beispiel das gegenseitige Ignorieren zweier feindlicher Spähtrupps, die im nächtlichen Niemandsland fast übereinander stolperten. Die Reaktion der Armeeführungen auf diese Verlotterung der Moral kann man sich ausmalen. Im Februar 1917 zum Beispiel sah sich der Kommandeur der 16. britischen Infanteriedivision gezwungen, etwas zur Eindämmung dieser Seuche zu tun. In einem Tagesbefehl verordnete er, daß »jegliches Einverständnis mit dem Feinde strengstens verboten ist. Niemand darf mit ihm Kontakt aufnehmen, und jeder diesbezügliche Versuch seitens des Feindes muß sofort unterdrückt werden. Gegen Zuwiderhandelnde ist im Disziplinarverfahren vorzugehen.«

Was an dieser versuchten Patentlösung geradezu pikant scheint, ist die Tatsache, daß das um sich greifende Prinzip des »Leben-und-Lebenlassens« sozusagen auf höherer Ebene auch die beiden Oberkommandos (wenigstens theoretisch) in ihrer Besorgnis einander nähergebracht haben mußte. Der Verdacht liegt nahe, daß der der 16. Division gegenüberliegende deutsche Divisionskommandeur, hätte er von jenem Tagesbefehl gewußt, seinem britischen Kollegen sicherlich von Herzen zugestimmt hätte. Oder anders ausgedrückt: Es ergab sich die absurde Situation, die eine Zusammenarbeit der beiden Antagonisten zum Zwecke *gemeinsamer* Maßnahmen gegen dieses Übel eigentlich vernünftig gemacht hätte. Freilich kam es nicht so weit. Aber wie man sieht, sind den merkwürdigsten Verhaspelungen dieser Probleme kaum Grenzen gesetzt.

Die zweite Panne der versuchten Lösung ist für jeden Problemlöser nicht weniger interessant. Durch das Verbot des »Leben-und-Lebenlassens« wurden die Leute in den Schützengräben in ein manichäisches Dilemma versetzt. *Entweder* sie befolgten die Befehle von oben und schossen auf den Gegner, wann immer er sich zeigte; setzten sich aber damit der sofortigen Vergeltung für diesen Bruch des stillschweigenden Nichtangriffspaktes aus. *Oder* sie respektierten weiterhin den inoffiziellen Waffenstillstand und riskierten damit, vor ein Kriegsgericht zu kommen.

Das sich aus diesem Dilemma spontan ergebende *tertium* war die Wiederentdeckung eines bewährten Rezeptes aus den Zeiten des spanischen Weltreichs, wo man in den überseeischen Besitzungen auf die oft ganz unsinnigen Befehle aus dem Escorial nach dem Rezept »*Se obedece, pero no se cumple*« (man gehorcht, aber man führt [die Befehle] nicht aus) reagierte. In Flandern, drei Jahrhunderte später, war es nicht anders: Man gehorchte den Schießbefehlen, schoß aber daneben – und der dankbare Gegner tat dasselbe.

Ein ähnliches Beispiel ist das bisherige Ergebnis einer großangelegten Studie, die derzeit in den USA, Europa und Israel läuft. Im Jahre 1981 begannen zwei Psychologinnen [3] eine Befragung von Nichtjuden, die unter schwerster Gefährdung des eigenen Lebens ihnen oft nicht einmal persönlich bekannte Juden vor der Endlösung der Nazis gerettet hatten. Auf die Frage, warum sie das getan hatten, stießen die Befrager immer wieder auf verständnislose Gegenfragen: »Was meinen Sie damit?« und – bei Beharren auf der Frage – auf fast verlegene Bemerkungen, wie »Ja, was hätte ich denn sonst tun sollen?« oder »Ich tat ja nur, was man als Mensch eben für einen anderen tut.«

Zugegeben, das sind ungewöhnliche Situationen (und Menschen!), doch sind sie keine Seltenheit. Man kann sie überall finden; in Ehen, im öffentlichen Leben, sogar in Großunternehmen und, so unwahrscheinlich das auf den ersten Blick erscheinen mag, in der Außenpolitik. In Begriffen der mathematischen Spieltheorie sind das Nicht-Nullsummenspiele, das heißt, in den Beziehungen zum Partner oder zum Gegenspieler ist der Verlust des einen nicht der Gewinn des anderen, sondern hier können *beide* gewinnen oder verlieren. Ein Atomkrieg wäre das Beispiel *par excellence* eines Nicht-Nullsummenspiels, in dem alle verlören. Aber eben auch das Gegenteil ist möglich, nämlich die Einsicht, daß durch Einlenken und den Willen zu Konzessionen (die für den Nullsummenspieler natürlich »Niederlagen« wären) *allen* Beteiligten Vorteile erwachsen können.

Aufrechte und ihren Weltbeglückungsplänen fest verpflichtete Ideologen sind gegen diese Gefahr freilich gefeit. Doppelt sogar. Denn einerseits durchschauen sie jedes Einlenken des Gegners mit Leichtigkeit als Köder, mit dem er sie nur um so sicherer reinlegen will, oder aber als Zeichen der Schwäche, das sofort zur Stärkung der eigenen Machtposition auszunützen ist. Das darauf selten ausbleibende Zurückgehen des Gegners auf den alten Konfrontationskurs beweist dann klar, wie richtig doch der eigene Verdacht von Anfang an war. Andererseits wäre jedes Eingehen auf ein Nicht-Nullsummenspiel ein Verrat an der hehren Ideologie zum unwürdigen Preis eines Linsengerichtes. Für die Außenpolitik hat das, weit besser als ich es könnte, Jean-François Revel ausführlich dargelegt. Obwohl er sich einer anderen Terminologie bedient, scheint auch er (vor allem in seinem Bonner Vortrag vom 25. Oktober 1984 [6] und in seinem Buch, *So enden die Demokratien* [5]) den grundsätzlichen Unterschied zwischen der Außenpolitik demokratischer und totalitärer Staatssysteme in der Verhandlungsbereitschaft der ersteren und dem Nullsummendenken der letzteren zu sehen. Für die Demokratien wird die Außenpolitik durch die Innenpolitik bestimmt, deren Anliegen grundsätzlich die Sicherheit und Wohlfahrt des Staatsbürgers ist; in Revels Worten suchen sie in ihrer Außenpolitik »vor allem nach einem Gleichgewichtszustand, der ihrem inneren Gleichgewicht entspricht«. Der Totalitarismus dagegen baut sich auf einer Ideologie auf, einer endgültigen und daher allgemeinverpflichtenden amtlichen Definition der menschlichen, gesellschaftlichen und sogar wissenschaftlichen Wirklichkeit. Demzufolge ist — und hier zitiere ich wieder Revel — »für ihn die bloße Existenz anderer Systeme mit seiner Sicherheit unvereinbar«. Und deshalb, könnte man hinzufügen, gibt es für die Außenpolitik dieser Systeme nur *ein* Ziel, nämlich den kompromißlosen, endgültigen Sieg auf weltweiter Basis, denn nur ein solcher Endsieg kann das Nullsummenspiel der nackten Macht beenden und das irdische Paradies einführen. Dies schließt freilich ein taktisches Vorgehen nicht aus, zum Beispiel Verhandlungen, aus denen aber »nicht eine Einigung auf Dauer herauskommen soll, sondern eine Schwächung des Gegners, um ihn zu weiteren Zugeständnissen bereit zu machen, ihn aber in dem rührenden Glauben zu lassen, daß diese neuerlichen Zugeständnisse nun wirklich die letzten sein und ihm Stabilität, Sicherheit und Ruhe verschaffen werden.« (Aus irgendeinem unklaren Grunde kommt einem dazu neben *München* auch der Name *Helsinki* in den Sinn ...)

Die modernen Demokratien dagegen neigen dazu, sich im Konflikt- oder Konkurrenzfall zusammenzuraufen. Revel drückt das eleganter aus; für ihn suchen sie

immer neue Kompromisse zu schließen, deren *Mittelwert* der für alle die meisten Vorteile bringende gemeinsame Nenner ist. [...] So geht jede demokratische Diplomatie davon aus, *daß sich Konzessionen lohnen*, weil dabei der Gegenspieler, von dem unterstellt wird, er sei vernünftig und maßvoll, dazu veranlaßt wird, die Leistung zu berücksichtigen, die man erbracht hat, und entsprechend als *Gegenleistung* eine Konzession zu machen, die den gefundenen Kompromiß *dauerhaft* macht.

Zukunftsmusik? Keineswegs, sondern lebende Gegenwart, wo immer Nicht-Nullsummenspieler tragfähige Kompromisse statt Patendlösungen durchsetzen. So dürfte es der jüngeren Generation ganz unglaublich vorkommen, daß uns Älteren in der Schule die fraglose, unabänderliche »Tatsache« eingetrichtert wurde, daß Deutschland und Frankreich auf alle Ewigkeit Erbfeinde seien und daher fürchterliche Kriege mindestens alle 30 Jahre eine schicksalsbedingte Notwendigkeit. Und wir glaubten es, so wie wir heute die »Unabänderlichkeit« der Feindschaft zwischen den arabischen Staaten und Israel oder den Wahnsinn des Blutvergießens in Nordirland hinnehmen. Und da brachten es doch am 22. Januar 1963 in Paris zwei sonst nicht gerade besonders begnadete Regierungschefs fertig, ihre Unterschriften unter einen Freundschaftsvertrag zu setzen, der der Schlußpunkt einer für historische Maßstäbe sehr raschen, grundsätzlichen Änderung in der Beziehung zwischen der Bundesrepublik und Frankreich war. Und wer heute noch *Die Wacht am Rhein* gröhlte, könnte für sich den Titel eines patriotischen Dinosauriers in Anspruch nehmen.

Schöne digitalisierte Welt

»Stell dir nur vor«, sagt ein Anthropologe zu seinem Kollegen, »man hat endlich das fehlende Zwischenglied zwischen dem Affen und dem *homo sapiens* entdeckt.« – »Phantastisch – und was ist es?« will der andere wissen, und der erste antwortet: »Der Mensch ...«

Lieber Leser, lassen Sie sich nicht entmutigen. Der Witz stimmt zwar, aber wir sind auf dem besten Wege, diesem Übelstande abzuhelfen. Eine herrliche neue Zukunft wartet unser, eine Patend-lösung, in die wir, garantiert ohne Schmerzen oder gar Blutvergießen, bequem hineinrutschen können.

Auch ein ganz oberflächlicher Betrachter der Menschheitsgeschichte kann wohl keinen Zweifel daran haben, daß alles Übel auf die Unvernunft des Menschen zurückzuführen ist. Wahnsinn, Rausch, Verblendung, Neid, Angst, Trieb, Gier und sonstige Leidenschaften aller Art, das sind die Ursachen, die immer wieder bedingen, daß die Welt eben so unangenehm ist, wie sie ist. Warum können nicht alle so vernünftig sein wie ich?

Das Problem ist leider, daß die anderen, genau wie ich, ein Gehirn haben, in dem die für die Logik (der »Wissenschaft vom richtigen Denken«) und die Vernunft zuständigen Strukturen (der Kortex) leider auf dem sogenannten limbischen System sitzen, das noch von unseren reptilischen Ahnen stammt, und in dem nicht das Denken, sondern krude Gefühle und Instinkte herrschen. Und daher haben wir es noch nicht ganz zum *Homo sapiens* gebracht.

Aber, wie gesagt, dieser Mißstand wird sich nun bald ändern. Nicht außerirdische Wesen sind dabei, unseren Planeten zur Logik und Vernunft zu bringen, sondern unbeirrbare, von Vorurteilen und Emotionen freie Schöpfungen aus Menschenhand.

Die Utopie ist nicht neu; in literarischer Form wurde sie bereits vor 1950 vom rumänischen Schriftsteller Virgil Gheorgiu in seinem Roman *25 Uhr* [5] postuliert. Dort spricht der Dichter Traian über die Menschheit der Zukunft:

Eine Gesellschaft, die sich aus Millionen von Millionen mechanischer Sklaven und bloß zweitausend Millionen Menschen zusammensetzt, wird – wenn sie auch von den Menschen beherrscht wird – die Eigenschaften ihrer proletarischen Mehrheit haben. [...] Die mechanischen Sklaven unserer Zivilisation behalten diese Eigenschaften bei und leben gemäß den Gesetzen ihrer Natur. [...] Um seine mechanischen Sklaven verwenden zu können, muß der Mensch sie verstehen lernen und ihre Gewohnheiten und Gesetzmäßigkeiten nachahmen. [...] Eroberer übernehmen, wenn sie zahlenmäßig den Eroberten unterlegen sind, die Sprache und Gewohnheiten der beherrschten Nation, sei es der Einfachheit halber, oder aus anderen praktischen Gründen – und dies, obwohl sie die Herren sind. Derselbe Prozeß ist in unserer eigenen Gesellschaft im Gange, obwohl wir ihn nicht wahrhaben wollen. Wir lernen die Gesetzmäßigkeiten und den Jargon unserer Sklaven, um ihnen Befehle geben zu können. Und langsam und unmerklich verzichten wir auf unsere menschlichen Eigenschaften und unsere Gesetze. Wir entmenschlichen uns, indem wir die Lebensgewohnheiten unserer Sklaven annehmen. Das erste Symptom dieser Dehumanisierung ist die Mißachtung des Menschlichen.

Nun, könnte ein moderner Mensch einwenden, das sind die Worte eines Dichters, die aus der Feder eines Schriftstellers kommen, und also kaum eine vorurteilsfreie Ansicht ausdrücken. Denn für diese Leute hat die Rationalität wenig Bedeutung; die fühlen sich geradezu wohl in ihrer vagen, emotionsträchtigen, widersprüchlichen Welt, deren archaische Regeln sich bisher jeder vernünftigen Messung und objektiver Erfassung widersetzten. – Zum Zeitpunkt, da Gheorgiu seinen Roman schrieb, war der mechanische Sklave, der seiner Beschreibung am nächsten kommt – der Computer –, vermutlich noch weitgehend Militärgeheimnis. Gheorgiu dachte vielleicht allgemeiner in Begriffen der gegenseitigen Beeinflussung von Werkzeugen und den Menschen, die sie schaffen und verwenden. Metallarbeiter werden nun einmal eher dazu neigen, gewerkschaftliche Probleme handfest anzugehen und nicht mit Glasperlen zu spielen; die Zahl der Londoner Bankdirektoren, die heute noch in ihrer Freizeit die Schöpfungen Homers in einwandfreies Englisch übertragen, dürfte praktisch Null sein; und Dvořak war meines Wissens der einzige Metzgerlehrling, der dazu überging, unsterbliche Sinfonien zu schreiben.

In den letzten 40 Jahren aber ist der Computer nicht nur in die wissenschaftliche, sondern auch die gesellschaftliche Welt eingebrochen. Vor allem hat er unsere Fähigkeit, Zahlen zu manipulieren, astronomisch erhöht. Probleme, deren Berechnung früher Dutzende von Menschen monatelang beschäftigte, werden heute buchstäblich in Bruchteilen von Sekunden gelöst. Nur ein Beispiel, das diesen Quantensprung erhellen dürfte: Als im Jahre 1946 an der Universität von Pennsylvanien der erste Großcomputer (mit dem schönen Namen ENIAC) angeschaltet wurde, *verdoppelte* sich damit die Rechenkapazität unseres Planeten. Und verglichen mit den heutigen Rechnern war ENIAC ein Dinosaurier.

Ich renne vermutlich offene Türen ein, wenn

ich darauf verweise, daß der Computer aber keineswegs nur rechnen, also Zahlen verwenden kann. Von besonderer Wichtigkeit ist seine Fähigkeit, auch logische Symbole zu manipulieren, also – ganz laienhaft ausgedrückt – logische Schlüsse zu ziehen, und zwar mit mathematischer Genauigkeit. Der einzige Fall, wo seine Schlußfolgerungen versagen, sind menschliche Irrtümer in der ihm eingefütterten Information. Für diese Komplikation gibt es im Englischen das Akrostichon *GIGO*, das heißt *garbage in, garbage out* (wörtlich übersetzt: Mist rein, Mist raus) – also, von falscher Information erhält man falsche Resultate. Das leuchtet auch uns Laien ein. Schon längst besteht für *GIGO* auch eine zweite Bedeutung, nämlich *gospel in, gospel out*; also Bibel (gemeint sind biblische Wahrheiten) rein, ebensolche Wahrheiten raus. In anderen Worten: Was man für richtig *hält*, wird auf dem Umweg durch den Computer zur ewigen Wahrheit. Und alles weitere ergibt sich wieder einmal mit menschenunabhängiger Fatalität. (Mehr darüber in [9].)

Das magische Wort, auf dem sich die Hoffnung auf die endgültige, menschenunabhängige, da mathematische Erfassung der Welt in ihrer Gesamtheit aufbaut, ist *Digitalisierung*. Um dem Genossen Computer nämlich die betreffende Information mundgerecht zu machen, muß sie in eine mathematische Sprache übersetzt werden, die man als *digital* bezeichnet (vom englischen *digit*, Ziffer). Die Idee einer solchen wissenschaftlichen Erfassung der wirklichen Wirklichkeit dürfte auf Lord Kelvin zurückgehen, der das goldene Wort prägte: *Everything that exists, exists in a quantity and can therefore be measured* (was immer existiert, existiert in einer Quantität und kann daher gemessen werden).

Ohne näher darauf eingehen zu wollen, sei aber festgehalten, daß es grundsätzlich auch eine andere solche »Sprache« gibt, nämlich die der Analogie. Eine Analogie ist bekanntlich kein Meßwert, ist also nicht quantitativ mit dem durch sie Dargestellten identisch, sondern drückt seine *Qualität* aus. (Und es mehren sich übrigens auch in der Wissenschaft die warnenden Stimmen, die darauf verweisen, daß Quantität nur *eine* Eigenschaft der Qualität ist.) Diesen Unterschied haben wir schon in Kapitel 2 als jenen zwischen »mehr desselben« und »anders« bezeichnet. Und hier liegt der Hund begraben: Gewisse Gegebenheiten unserer Welt widerstehen (wenigstens vorläufig) bockig ihrer Digitalisierung und daher ihrer vernunftmäßigen Erfassung, zum Beispiel die schon erwähnten Wahrnehmungen und Gefühle, das

Symbolische, und daher diese ganze schlampige, orphische, wahnhafte, dunkle, unvernünftige, unbestimmbare Welt der Farben und des Duftes, des entweder ganz Unaussprechlichen, oder dessen was Dichter und Künstler irgendwie vermitteln zu können scheinen, oder der Anblick eines Sonnenuntergangs, die Augen einer Katze oder die Klänge einer Sinfonie. All das und vieles mehr muß noch digitalisiert werden, bis endlich das Zeitalter der schönen neuen Welt »aus Null und Eins« [8], jene 25. Stunde, anbrechen kann.

Und außerdem, wieviel einfacher ist es, eine tragfähige Beziehung zu einem Computer statt zu einem anderen Menschen herzustellen. Der Computer ist nicht launisch, ist absolut ehrlich, irrt sich nie, man braucht mit ihm nicht zu streiten. Als Gegenleistung verlangt er nur kristallklare Vernunft, dafür aber belohnt er reichlich: Man muß nur einmal die kafkaeske Situation der Computerlehrlinge miterleben, die in langen Reihen vor ihren Bildschirmen sitzen und verzweifelt fluchen, wenn die Antwort ausbleibt, und frohlocken, wenn die allwissende Sphynx ihnen die Absolution erteilt, weil sie die richtigen Tasten gedrückt haben. Wer kann es ihnen verübeln, wenn sie der Zeit entgegenhoffen, in der das Analoge endgültig ausgemerzt sein und alles Menschliche endlich digitalen Gesetzen gehorchen wird?

Bis Gheorgius 25. Stunde schlägt, bleibt als Trost und Übergangshilfe der Vetter des Computers, jenes andere Wunderwerk der Digitalisierung, nämlich der Fernsehapparat. Von ihm und seinen Wirkungen hatte erstaunlicherweise schon Cicero irgendwie gewußt. Im Jahre 80 v. Chr. schrieb er:

> Wenn wir zu allen Stunden grausige Geschehnisse mitansehen oder mitanhören müssen, so verlieren wir schließlich, selbst die von Natur Zartesten unter uns, durch die ständige Folge der quälenden Eindrücke, jegliches Empfinden für Menschlichkeit.

Freilich, diese Wirkung verbirgt sich hinter einer Maske grinsenden Blödsinns. Darüber aber, nämlich wie wir uns zu Tode amüsieren können, hat Neil Postman [13] wohl alles Wichtige bereits gesagt. Bitte also dort nachlesen.

Zusätzlich zu Postmans Ausführungen wäre der französische Soziologe Jean Baudrillard zu erwähnen, der – weniger schmissig und auf jeden Fall bedeutend weniger amüsant – in seinen Vorträgen die *Obszönität* des Fernsehens untersucht und damit der Sorge Ciceros wesentlich näher kommt. Gemeint ist damit nicht all das, was so landläufig unter der Bezeichnung *obszön* segelt, sondern vielmehr die verrohende Wirkung allabendlich in den Nachrichten gezeigter Blutlachen, Verkehrsopfer und Gewalttaten, und vor allem auch die scham- und respektlosen Großaufnahmen von Menschen in verzweifelten und tragischen Ausnahmesituationen: Die Mutter vor der Leiche ihres Kindes, das Gesicht eines Sterbenden, die trottelhaften Fragen an jemanden, der eben mit dem bloßen Leben davongekommen ist und nichts dringlicher braucht als Ruhe und Besinnung. Dieses voyeuristische Anprangern, das Fehlen aber auch jeden Schimmers von Achtung vor menschlichem Leiden verdienen sehr wohl die Bezeichnung *obszön* (vor allem, wenn sie in der nächsten Sekunde vom munteren Liedchen einer Werbesendung für Zigaretten abgelöst werden). Natürlich wissen und respektieren wir alle, daß die Medien damit nur in selbstloser Weise ihrer hehren gesellschaftlichen und vor allem demokratischen Pflicht der Aufklärung des Staatsbürgers nachzukommen versuchen ...

Und daher eignet sich die ganze »Szene« – wie es so markant heißt – in willkommenster Weise zur Suggestion von Patendlösungen an Millionen von Menschen.

»Ich weiß genau, was du denkst«

»Wenn ich nicht ohnehin eine Hexe wäre, würde ich sagen: Es ist wie verhext«, beschwerte sich Hekate anläßlich einer kürzlichen Lagebesprechung in jener Villa am Mittelmeer. »Da bringen wir die Menschen in aufreibender Kleinarbeit dazu, felsenfest anzunehmen, daß es nur eine richtige Sicht der Wirklichkeit gibt, nämlich die eigene; da hypnotisieren wir sie in die absolute Überzeugung, genau zu wissen, was in den Köpfen der anderen vorgeht, so daß jede Nachprüfung unnötig wird – und dann tanzen uns einige eben doch wieder aus der Reihe und ruinieren alles.«

Und recht hatte sie. Daher soll nun sowohl von diesen Gedankenlesern als auch von den Aus-der-Reihe-Tanzenden die Rede sein. Besehen wir uns vor allem, wie Mr. McNab aus der Stadt Santa Cupertina im kalifornischen »*Silicon Valley*« in Schwierigkeiten kam. Herr McNab war Physiker und hatte eines Tages eine brillante Idee, die ich meiner totalen Ignoranz wegen auch nicht annähernd beschreiben kann. Ungewöhnliche Ideen hatte er zwar schon häufig gehabt, sogar als bastelndes Kind. Diesmal aber hatte er sozusagen das große Los gezogen – die neue Idee blieb nicht nur Idee, sondern es gelang ihm, buchstäblich in seiner Garage, das betreffende Instrument zu bauen, zu testen und auf den Markt zu bringen. Der Erfolg überstieg alle Erwartungen; die Aufträge prasselten nur so herein. Aha, wird der Leser denken, nun will er mir wieder vorpredigen, daß zweimal soviel nicht doppelt so gut ist. – Nein, um diese Klippe kam Mr. McNab dank seiner wirklich ungewöhnlichen technischen Fähigkeiten ganz gut herum. Sein Unheil war anderer Art: Zusammen mit den höchst erfreulichen Aufträgen wuchsen natürlich auch die Probleme und Belastungen verwaltungstechnischer und finanzieller Art, die Notwendigkeit umfangreicher Korrespondenz, die Buchhaltung, die Festlegung eines vernünftigen Budgets, und so weiter. Damit hatte sich McNab bisher nur am Rande, sozusagen in seiner Freizeit (zwischen ein und drei Uhr morgens) befaßt. Kein Zweifel, ein Verwaltungschef mußte her, um sich mit diesem Krimskrams herumzuschlagen. Und er fand einen, sogar einen recht guten. Mit dieser Lösung begann der Niedergang.

Gerade deswegen nämlich, weil der Betreffende, ein Herr Muckerzann, auf seinem Gebiet so ungewöhnlich beschlagen und erfahren war, kam es zwischen den beiden Männern bald zu Zerwürfnissen. McNab, der ideenreiche Erfinder, dessen Erfolg weitgehend darin bestand, daß er sich (ohne zu wissen, wie) von eingefahrenen Denkschemata befreien und daher ganz neue Möglichkeiten sehen konnte, war eine »rechtshemisphärische Persönlichkeit« (wie man das in der modernen Hirnforschung nennt [19]). Er war nun gezwungen, in Tuchfühlung mit einem Menschen zu leben, dessen Welt sich notwendigerweise aus exakten Kleindetails zu ebenso exakten Mosaiken aufbaute. — »Dieser Muckerzann treibt mich zum Wahnsinn«, tobte McNab daheim vor seiner geduldig zuhörenden Frau. »Wie kann ein Mensch sich nur derartig in Kleinigkeiten verlieren? Er sieht den Wald vor lauter Bäumen nicht, es fehlt ihm jedes Verständnis für das Wesentliche, er klebt an Zahlen und Paragraphen, und – was dem Faß die Krone aufsetzt – er hält mich für unverantwortlich und gefährlich für den Fortbestand des Unternehmens; *mich*, der ich den ganzen Betrieb aus dem Nichts aufgebaut habe!«

Zur selben Zeit tobte Herr Muckerzann bei sich daheim: »Ich halte es bald nicht mehr aus. Digitalisieren müßte man diesen McNab. So etwas wie einfache Tatsachen gibt es für ihn überhaupt nicht. Einmal sieht er die Dinge so, dann wieder so – ich habe keine Ahnung, wie er seine Entscheidungen trifft, und dann erwartet er, daß ich sie selbstverständlich und ausgezeichnet finde, und vor allem, daß ich sie dann konkretisiere. Denn mit dem Alltäglichen will sich sein Genie nicht abgeben müssen, dafür gibt es engstirnige Pedanten wie mich ...« Wie man sieht, war Herr Muckerzann ein »Linkshemisphärischer«. Und das einzige, was die beiden gemeinsam hatten, war ihre totale Unfähigkeit, sich in die Denkweise des anderen hineindenken zu können. Denn recht hatten sie beide, jeder für sich, und so verwendeten sie beide die Patendlösung des »mehr desselben Rechthabens«, bis die Firma bankrott ging.

Nicht wesentlich anders können sich die Probleme zwischen Mann und Frau entwickeln. Ich erinnere mich noch dankbar einer Analogie, die einer meiner Lehrer in seinen Vorlesungen erwähnte. Der Mann, so erklärte er, sei einer Ellipse zu vergleichen. Diese hat bekanntlich zwei Brennpunkte; den einen nannte er *Logos* und meinte damit nicht nur das Geistige, sondern auch das Objektive, den Beruf, eventuell die Wissenschaft, jedenfalls aber das praktisch Existierende, den Gegen-Stand. Den anderen Brennpunkt der männlichen Ellipsennatur nannte er *Eros*, also die Beziehung zum anderen, *menschlichen* Subjekt. Zu jedem gegebenen Zeitpunkt könne sich der Mann nur an *einem* der beiden Brennpunkte aufhalten. Für den Mann ist das kein besonderes Problem. Je nach Bedarf geht er halt hin und her. – Die Frau aber sei einem Kreis zu vergleichen, und ein Kreis kann insofern als der Sonderfall einer Ellipse aufgefaßt werden, als in ihm die beiden Brennpunkte zusammenfallen. Die Frau steht also mühelos im Logos wie im Eros zur gleichen Zeit. Das Problem ist nur, daß weder sie noch der Mann den leisesten Grund haben, auch nur einen Augenblick anzunehmen, daß der Partner vielleicht anders angelegt sei und daher anders als man selbst agiere und reagiere. Gerade das aber tut der Partner oft. Als Beispiel diene folgendes, von den Hexen schadenfroh mitgeschnittenes Streitgespräch:

FRAU: Ich fürchte, aus diesem Kuchen wird nichts; der Teig geht nicht auf.

MANN: Vielleicht nicht genug Backpulver – was steht im Rezept?

FRAU: Das schaut dir wieder einmal ähnlich.

MANN: Was schaut mir ähnlich?

FRAU: Das mit dem Backpulver.

MANN: Was mit dem Backpulver?

FRAU: Du weißt genau, was ich meine. Immer tust du das, und du weißt, daß es mir auf die Nerven geht.

MANN: Himmelkruzitürken – wovon redest du überhaupt? Du sagst, daß der Kuchen nicht aufgeht; ich sage, das einzige, was daran schuld sein könnte, wäre zuwenig Backpulver; und plötzlich hat das nichts mehr mit Backpulver zu tun, sondern ist ein Defekt meines Charakters oder was weiß ich …

FRAU: Natürlich – Backpulver ist dir wichtiger

als ich. Daß es das Backpulver sein könnte, kann ich mir selbst denken; dir aber ist es gleichgültig, daß ich dir mit dem Kuchen eine Freude machen will.

MANN: Das bestreite ich auch gar nicht, und es freut mich. Ich redete ja auch nur vom Backpulver, nicht von dir.

FRAU: Wie ihr Männer das nur so fertigbringt, alles so schön sachlich auseinanderzuhalten, daß es einer Frau dabei zu frösteln beginnt!

MANN: Nein, das Problem ist, wie ihr Frauen es fertigbringt, Backpulver zum Gradmesser der Liebe zu machen!

(Und so weiter)

»*Why can't a woman be more like a man?*« fragt schon Professor Higgins verzweifelt in Bernhard Shaws *Pygmalion*. Umgekehrt, das heißt in bezug auf die Männer, ist mir leider kein klassisches Zitat bekannt; aber man kann sich vorstellen, wie es ungefähr lauten müßte: Ich bin für dich nur dann wichtig, wenn ich dir gerade ins Konzept passe und du Zeit hast.

In diesem Zusammenhang wäre noch eine andere Falle zu erwähnen, in die Männer und Frauen in ihren Auseinandersetzungen besonders leicht hineinfallen. Damit soll aber nicht gesagt sein, daß sie nicht auch in jedem anderen zwischenpersönlichen Kontext lauern kann. Es ist der Unterschied zwischen den Begriffen »verstehen« und »einverstanden sein«. Ihre ahnungslose Vermengung führt zu den schönsten Krächen. Es ist nämlich durchaus möglich, den Standpunkt des anderen voll zu verstehen, ohne deswegen der gleichen Meinung – also einverstanden – zu sein.

Manchmal wird überhaupt behauptet, Frauen und Männer sprächen verschiedene Sprachen. Aber es ist wohl eher so, wie Oscar Wilde das einmal für Engländer und Amerikaner so elegant ausdrückte, nämlich, daß sie eine *gemeinsame* Sprache *trennt*. Oder, anders gesagt, gerade die Gemeinsamkeit der Sprache erzeugt die Illusion, daß der Partner die Wirklichkeit selbstverständlich so sehen muß, wie sie ist – das heißt, wie *ich* sie sehe. Und stellt es sich heraus, daß er sie nicht so sieht, dann ist er verrückt oder böswillig.

Einem Aufsatz des Zürcher Professors Ernst Leisi verdanke ich ein amüsantes historisches Beispiel, das er John Lockes *Essay on Human Understanding* entnommen hat:

Ein hochgelehrtes Kollegium von englischen Medizinern diskutierte lange über die Frage, ob in den Nerven ein *liquor* fließe. Die Meinungen waren geteilt, die verschiedensten Argumente wurden eingeworfen, und eine Einigung schien kaum möglich. Da meldete sich Locke selbst zum Wort und stellte die einfache Frage, ob denn alle genau wüßten, was sie unter einem *liquor* verstünden. Zuerst befremdetes Erstaunen: keiner war da, der nicht genau zu wissen glaubte, wovon er sprach, und man hielt Lockes Frage beinahe für »frivolous«. Aber dann wurde sein Vorschlag angenommen, man schritt zur Definition, und es zeigte sich bald, daß die Debatte in der Wortbedeutung begründet war. Die eine Partei hatte unter *liquor* eine reale Flüssigkeit (wie Wasser oder Blut) verstanden und bestritt demgemäß, daß so etwas in den Nerven fließe. Die andere Partei interpretierte das Wort in Richtung »fluidum« (wirkende Kraft, wie z. B. Elektrizität) und war deshalb überzeugt, daß ein *liquor* durch die Nerven fließe. Nachdem man die beiden Definitionen klargestellt und sich auf die zweite geeinigt hatte, war die Debatte in kürzester Zeit mit einem allgemeinen Ja beendet. [9]

So respektlos führen manche Menschen, wie hier Locke, hochwissenschaftliche Diskussionen ad absurdum. Es gibt natürlich auch dafür Patendlösungen. Molière wußte davon. In einer seiner Komödien versucht eine Gruppe von gelahrten Doktoren herauszufinden, weshalb Opium einschläfert. Nach langem Hin und Her kommen sie zu dem Schluß, daß Opium deswegen Schlaf erzeugt, weil es ein *dormitives Prinzip* enthält.

Doch zurück zu dem Rezept »Ich weiß genau, was du denkst«. Dazu ist der austro-kanadische Logiker Anatol Rapoport zu erwähnen, der schon 1960 in seinem Buch *Fights, Games and Debates* [14], wenn auch nur ganz en passant, eine interessante Technik der Problemlösung empfahl. Statt im Falle eines Konflikts sowohl die eine wie die andere Partei nach *ihrer* Definition des Problems zu befragen, schlägt Rapoport vor, Partei A (in Gegenwart von Partei B) den Standpunkt von *Partei B* darlegen zu lassen, und zwar so genau und vollständig, bis Partei B diese Darlegung für richtig erklärt. Dann ist die Reihe an Partei B, den Standpunkt von Partei A zu deren Zufriedenheit zu definieren. Rapoport nahm an, daß diese Verhandlungstechnik bereits zu einer weitgehenden Entschärfung des Problems zwischen den beiden Seiten führen würde, bevor das jeweilige Problem selbst überhaupt aufs Tapet käme. Und seine Annahme war richtig; bei Anwendung dieser Technik kommt es nicht selten vor, daß der eine Partner in fassungslosem Erstaunen zum andern sagt: »Ich hatte ja keine Ahnung, daß Sie denken, daß ich das denke« – was bereits ein weiter Schritt weg von der naiven Überzeugung ist: »Ich weiß genau ...«

Unabhängig von Rapoport wurde eine ähnliche Strategie von der Mailänder Psychiaterin Mara Selvini-Palazzoli und ihren Mitarbeitern entwickelt und *zirkuläre Befragung* genannt. Sie besteht im wesentlichen darin, Auskunft über eine Zweierbeziehung von einer dritten Person zu suchen, statt vom einen wie vom anderen Beziehungspartner selbst. Selvini erwähnt zum Beispiel eine Behandlungssituation, in der es dem Familientherapeuten notwendig schien, die Beziehung zwischen dem Vater und der jüngeren Tochter zu klären. Statt die beiden individuell und direkt zu befragen, ersuchte sie die ältere Tochter, *ihre* Sicht der Beziehung zwischen Vater und Schwester zu beschreiben. Und Selvini bemerkt dazu:

... nehmen wir [...] an, sie äußere sich kritisch über bestimmte Verhaltensweisen des Vaters in bezug auf die Schwester. Hinsichtlich des Informationsgehaltes über die triadische Be-

ziehung (d. h. die befragte Person miteinge-
schlossen) ist es nun durchaus nicht dasselbe,
ob die beiden anderen Personen sich verwirrt
zeigen oder beide gleich reagieren oder nur der
Vater aufgebracht dagegen protestiert, während die Schwester mit unbeweglicher Miene
dasitzt oder deutliche Feindseligkeit oder Ver-
achtung zeigt. [18]

Es wäre höchst interessant, diese Technik auch
auf internationale Konflikte anzuwenden. Man
kann sich des Eindrucks nicht erwehren, daß die
Dinge auf jener Ebene nicht grundsätzlich anders
liegen als in einer konfliktreichen Ehe. Bis zum
Ende des Kalten Krieges vor einigen Jahren waren
die Supermächte ein geradezu klassisches Beispiel
zweier Nullsummen-Spieler. Hier freilich war es
nicht die Rapoport-Methode, die dem Wahnsinn
schließlich ein Ende setzte, sondern im wesentlichen eines jener faszinierenden, fast »zufälli-
gen«, scheinbar nebensächlichen Ereignisse, die
nicht selten zu Auslösern ungeahnter Entwicklungen werden können – in diesem Falle die Ent-
scheidung der ungarischen Regierung, hundert
Kilometer rostigen Stacheldrahts an der österreichischen Grenze aufzuwickeln. Wie wir wissen, löste dies Entwicklungen von einer Trag-

weite aus, wie sie sich zu jenem Zeitpunkt wohl niemand vorstellen konnte, und diese schienen den Plan der Hexen zur Herbeiführung der nuklearen Endlösung zum Scheitern zu bringen.

Inzwischen hat es sich längst herausgestellt, daß eine derartige Entwicklung für die Hexen keineswegs ein Schachmatt bedeutet. Sie wissen aus langer Erfahrung, was wir gewöhnlichen Sterblichen zwar wissen *könnten*, aber meist nicht wissen wollen – daß nämlich jede Lösung eines schweren Problems keineswegs eitel Freude, sondern neue Probleme schafft. Um nochmals auf das Beispiel der problematischen Ehen zurückzukommen: Wenn der trinkende Gatte endlich dem jahrelangen Drängen seiner Frau nachgibt und zu saufen aufhört, so ist die Folge selten Harmonie, sondern viel wahrscheinlicher die Scheidung der beiden – denn nun hat die Beziehung ihren Hauptsinn verloren.

Mit dem Wegfallen der nuklearen Bedrohung war es – wie wir bereits nur zu gut feststellen können – nicht anders. Das Auseinanderbrechen der Sowjetunion, der Tschechoslowakei, das grauenvolle »ethnische Säubern« im ehemaligen Jugoslawien, das Aufflammen eines in seiner Unmenschlichkeit seit dem 13. Jahrhundert unbekannten religiösen Fundamentalismus – das sind nur die offensichtlichsten Symptome jener zuerst so beglückend und endgültig erscheinenden Patendlösung.

Es wäre aber ein Irrtum, diese Entwicklung ausschließlich der diabolischen Schlauheit der Hexen zuschreiben zu wollen. Es ist wohl vielmehr so, daß sie lediglich einen Mechanismus ausnützen, der die absurde Eigenschaft hat, uns allen bekannt zu *sein*, ohne uns bekannt zu *scheinen*. Von ihm erwähnte George Bernard Shaw bereits in seinem *Katechismus des Umstürzlers*: »Dennoch haben Revolutionen noch nie das Joch der Tyrannei abgeschüttelt; sie haben es bloß auf eine andere Schulter gewälzt.«

Die Hexen griffen also auf diesen Mechanismus zurück, nachdem sie durch das (für sie bedauerliche) Ende des Kalten Krieges eine scheinbare Schlappe erlitten hatten. Und sie brauchten da nicht sehr weit zu greifen: Die schon so oft aufgetretenen und doch rasch wieder vergessenen Schwächen der Demokratie erwiesen sich als höchst nützlich. Nehmen wir nur einmal eines ihrer Grundübel: Selbst in einem wohlfunktionierenden demokratischen Staatswesen ist für die an der Macht Stehenden die Wiederwahl das Hauptanliegen, dem »daher« jede andere Notwendigkeit untergeordnet werden muß. Praktisch führt das dazu, daß absolut notwendige, aber unpopuläre Maßnahmen oft deswegen nicht ergriffen werden, weil sie die Wählerschaft verärgern oder enttäuschen und damit die Wiederwahl gefährden könnten.

Dieser wunde Punkt ist aber wirklich nur ein Punkt im Vergleich zum Ausmaß der Probleme, die sich ergeben, wenn es gelingt, das demokratische Mehrheitsprinzip als Waffe gegen Minderheiten zu verwenden und ihnen – eben weil in der Minderheit – jedes Mitspracherecht schön »demokratisch« unmöglich zu machen. Daß sich auf diese Weise auch grundlegende Prinzipien der Demokratie eliminieren lassen, dafür haben uns die Beauftragten Hekates in Jugoslawien und der ehemaligen Sowjetunion bereits eindrucksvolle Beweise geliefert.

Und bei dieser Arbeit kommt ihnen ein weiterer schlechter Bestandteil des demokratischen Guten zu Hilfe: die meines Wissens bisher von niemandem widerlegte Tatsache, daß sich die Demokratie gegen undemokratische Strömungen nur durch undemokratische Maßnahmen wehren kann und damit ihren Feinden den Vorwand zu noch undemokratischerem Verhalten liefert. Was anderes hätte zum Beispiel die algerische Regierung vor etwa zwei Jahren tun können, als das durchaus demokratisch erzielte Wahlergebnis für ungültig zu erklären, da sonst die rabiaten Fundamentalisten zur Macht gekommen wären und der Demokratie sofort den Garaus gemacht hätten. Vielleicht hatte Churchill dies im Sinne, als er (angeblich) sagte: »Demokratie ist eine lausige Staatsform, aber ich kenne keine bessere«?

»Ich weiß genau, was du denkst«, lautet die Überschrift dieses Kapitels. Wie wir gesehen haben, trifft dies selten zu. Wenn wir aber die derzeitige Weltlage betrachten, drängt sich der Verdacht auf, daß wir nicht einmal wissen, was wir sehr wohl wissen *müßten*, da wir es bereits erlebt haben. Wie wäre es sonst möglich, daß Ideen und Weltbeglückungsprogramme, die als wertlos, katastrophal und unmenschlich erkannt und daher in den Abfallkübel der Geschichte geworfen worden waren, nach oft weniger als 50 Jahren von den Hexen in frische Windeln gelegt und erfolgreich als endgültige, nie zuvor erdachte, geniale Lösungen angeboten werden. Das an einen jüdischen Grabstein geschmierte Hakenkreuz – oh, welch befreiender Schritt in eine völlig neue Zukunft...!

Einer der wenigen Rufer in der Wüste war der Philosoph Santayana: »Wer die Geschichte ignoriert, ist dazu verdammt, sie zu wiederholen«, und noch prägnanter: »Es gibt nichts Neues unter der Sonne – außer das Vergessene«.

Unordnung und Ordnung

Warum es so leicht ist, im kleinen wie im großen sich in Fehllösungen zu verrennen und so lange mehr desselben zu versuchen, bis der große Ordner Tod die Endlösung übernimmt, darüber könnte man endlos spekulieren. Für den klassischen Physiker lag die Erklärung im zweiten Hauptsatz der Wärmelehre, das heißt in der anscheinenden Tendenz aller Lebensprozesse, von Ordnung in Unordnung überzugehen. Dieser

Vorgang wird *Entropie* genannt. In Fairneß ist aber sofort hinzuzufügen, daß dem Wissenschaftler wie dem Laien auch der umgekehrte Prozeß bekannt ist, nämlich die überall anzutreffende Entwicklung von niederen zu höheren Ordnungen, in der Wissenschaft *Negentropie* genannt. Und hier wird es für den Problemlöser interessant, denn hier beginnen sich die in den vorhergehenden Kapiteln gesponnenen, aber hängengelassenen Fäden zu einem Muster zu verweben.

Gehen wir nochmals zum Beispiel der Grabenkämpfe in Flandern zurück. Wir müssen uns da vor allem vor Augen halten, daß das Prinzip des Leben-und-Lebenlassens nicht auf Grund einer Absprache zwischen den Gegnern zustande kam, sondern sich *spontan* entwickelte. Es bildete sich »irgendwie« heraus und schuf damit seine eigene, konkrete Wirklichkeit; eine Wirklichkeit, die um so erstaunlicher war, als der Kontext, aus dem sie hervorging, ein bewußt und absichtlich entropischer war und von oben her alles unternommen wurde, um Tod und Zerstörung zu garantieren. Freilich, schon Hölderlin wußte: Wo Gefahr ist, wächst das Rettende auch. Aber damit hat er dem Phänomen nur dichterischen Ausdruck verliehen. *Wie* aber kommt es dazu?

Auf diese Frage haben wir vorläufig nur provisorische Antworten. Die Komplexität der Prozesse, die von Unordnung zu Ordnung führen, ist noch nicht erfaßbar. In der guten alten Zeit war die Antwort allerdings einfach: Es war selbstverständlich das Walten höherer Mächte. Dies aber erinnert fatal an Molières *dormitives Prinzip*.

Gegen die Annahme eines bestimmten Prinzips dürfte auch heute nichts einzuwenden sein, nur daß es offensichtlich nicht von oben, sondern sozusagen von innen und von unten kommt und daß es sich trotzdem als *mehr* und *andersgeartet* erweist als der Grund, aus dem es hervorging. Davon war schon im zweiten Kapitel die Rede. Hier aber interessieren uns nicht mehr die Probleme des »mehr desselben«, sondern die Ergebnisse der Wechselwirkungen zwischen *verschiedenen* Grundbestandteilen.

Um nicht allzuviel graue Theorie zu betreiben — hier sind ein paar praktische Beispiele: Zwei Atome Wasserstoff und ein Atom Sauerstoff ergeben, wenn sie in Beziehung zueinander treten, bekanntlich eine Substanz, H_2O, deren Eigenschaften nicht auf jene der Grundelemente H und O zurückführbar sind. Wasser ist nun einmal etwas *anderes*, nicht nur eine Summe bestimmter individueller Eigenschaften, und jeder Versuch der Rückführung auf seine Einzelbestandteile wäre

Unsinn. Gerade aber diesen Unsinn begehen wir immer wieder. Nehmen wir den einfachen Fall einer Zweierbeziehung, diesmal aber nicht auf molekularer, sondern auf menschlicher Ebene. Wie schon mehrmals angedeutet, neigen im Konfliktfall die beiden Partner dazu, die Schuld im anderen zu sehen. *Beide* sind überzeugt, das Ihre zur Lösung des Konflikts zu tun, und wenn das Problem dennoch fortbesteht, dann *muß* es die Schuld des anderen sein – denn wo sonst könnte sie denn liegen? Ein *Drittes* scheint es bei *zwei* Personen ja nicht zu geben. Dennoch gibt es das, denn *jede* Beziehung (gleichgültig ob zwischen Atomen, Zellen, Organen, Menschen, Nationen usw.) ist eben mehr und andersgeartet als die Summe der Bestandteile, die die Beziehungspartner in sie hineinbringen – ist vielmehr eine überpersönliche *Neubildung* (wie dies in der Biologie seit langem genannt wird) oder (im psychologischen Sinne) eine *Gestalt*.

Und daher war auch das Prinzip des Leben-und-Lebenlassens in Flandern weder die Initiative der einen oder der anderen Seite, und schon gar nicht die eines einzelnen, sondern etwas, das sich *aus der Situation* ergab. Wessen Blick für diese Neubildungen einmal geschärft ist, wird feststellen können, wie bestimmend sie für unser Leben sind. An diesem Punkte aber wird die Sache für die Perfektionisten unter uns unannehmbar. Es wird dann nämlich klar, daß sich diese neuen Ordnungen nur dort ergeben können, wo ein gewisses Maß an Unordnung besteht. Von W. Ross Ashby, einem der Begründer der Kybernetik, stammt folgendes, einleuchtendes Beispiel: Ein Seiltänzer kann sich nur dadurch im Gleichgewicht halten, daß er mit seiner Balancierstange ununterbrochen regellose Bewegungen ausführt. (Dasselbe gilt für ähnliche Bewegungen mit der Lenkstange beim Radfahren.) Wollte man nun den Stil des Seiltänzers perfektionieren, indem man diese unordentlichen Fluktuationen dadurch unterbände, daß man die Balancierstange festhielte, so würde jener sofort das Gleichgewicht verlieren und abstürzen. Klingt selbstverständlich, nicht wahr? Ja, aber nur im Falle von Seiltänzern und Radfahrern. In ziemlich allen anderen Lebensbereichen sind wir weit davon entfernt einzusehen, daß Ordnung ohne ein Maß von Unordnung lebensfeindlich wird, da sie jede Möglichkeit der Weiterentwicklung erstickt. Von dieser Patentlösung weiß zum Beispiel jeder moderne Betriebswissenschaftler, von dem die Herstellung perfekter Ordnung erwartet wird. – Damit soll freilich nicht gesagt sein, daß Unordnung

auf jeden Fall gut sei, sondern nur, daß das Neue
der Neubildung bedarf und die Neubildung ihrerseits *eines Grades* der Unordnung. Aber es ist
eben viel überzeugender, die Übel der Unordnung
anzuprangern als jene der Ordnung.

Humanität, Divinität, Bestialität

»*He who would do good must do so in minute particulars; the general good is the plea of patriots, politicians and knaves*« (wer Gutes tun will, tue es in kleinsten Schritten; das allgemeine Gute ist die Ausrede der Patrioten, Politiker und Schurken) soll der englische Satiriker Samuel Butler gesagt haben.

Die Natur scheint ihm recht zu geben. Alles was sich entwickelt, wächst und blüht, geht eben in »kleinsten Schritten« vor sich – alle großen Änderungen sind katastrophisch. Nur kann man sich leider an kleinen Schritten schwer begeistern, während utopische Verheißungen zünden und die Massen in Schwung bringen. Außerdem sind sie so »selbstverständlich«, daß nur ein Idiot oder ein heimtückischer Mensch sich ihnen widersetzen würde.

Die vielleicht klassischste Patendlösung aller Probleme des Allgemeinwohls geht auf Platon zurück. Für ihn ist der Philosoph nicht mehr der (sokratische) *Sucher* nach Wahrheit, sondern er *hat* sie. Anders gesagt: Er ist der Seher der göttlichen Ordnung, die der dumpfen Masse verborgen bleibt. Wer ist daher berufener als er, über die Geschicke der Menschen und des Staates zu herrschen? Und wie Karl Popper an vielen Stellen seines Werkes [11] betont, läßt Platon wenig Zweifel darüber, daß er sich im Besitze der Wahrheit wähnte.

Was daraus folgt, ist von unausweichlicher Logik, die Platon im *Staat* und in den *Gesetzen* ungeniert darlegt. Zum Beispiel: Mit dem Wissen des Weisen um die ewige Wahrheit ist es nicht getan; sie muß den Unwissenden vermittelt werden – wenn nötig auch gegen deren Willen. Das berechtigt den Philosophen-König, auch Unwahrheiten in den Dienst der Wahrheit zu stellen. Jede individuelle Auslegung der Wahrheit muß unterdrückt werden (Platon empfiehlt zu diesem Zweck Institutionen, die der Inquisition und den Konzentrationslagern in jeder Hinsicht entsprechen). Eine Rasse von Menschen muß herangezüchtet werden, die vorbehaltlos hinter dem Führer, dem Philosophen-König stehen. Wo gehobelt wird, fliegen eben Späne, lautet die totalitäre Apologie der unmenschlichen Folgen dieser Endlösung, deren Etappen sich, frei nach Grillparzer, mit den Worten *Humanität, Divinität, Bestialität* benennen lassen.

Das Grauenhafte ist, daß die hier nur dilettantisch angedeuteten Auswüchse eben nicht Abweichungen von der reinen Lehre oder Denkfehler sind, sondern daß sie sich nahtlos und logisch zwingend aus der an sich durchaus einleuchtenden These ergeben, daß zum Wohlergehen aller der Weiseste uneingeschränkt herrschen solle. Aber schon die Wahl des Weisesten erzeugt eine Paradoxie: Wer entscheidet darüber, wer der Weiseste ist? Ein Super-Weiser? Aber wenn es den gibt, dann müßte *er* auch über den Weisen herrschen. Oder die weniger Weisen, die aber gerade ihrer unvollkommenen Weisheit wegen sich nie darauf einigen könnten, wer der Weiseste unter ihnen ist?

Oder: Welcher anständige Mensch würde sich nicht voll und ganz zu einer so idealen Lösung aller gesellschaftlichen Probleme bekennen, wie der Losung: »Für jeden, was er braucht; von jedem, was er kann«? Klingt herrlich; das Malheur ist nur, daß diese »Lösung« einen Überfluß an Gütern voraussetzt und zweitens wieder irgendwelche Weisen, die irgendwie und (selbstverständlich) allgemeinverpflichtend entscheiden, wer was braucht und wer was kann. Wenn nämlich der Betreffende, oder besser gesagt: der Betroffene nicht derselben Meinung ist, so stimmt es mit *ihm* nicht, und nicht mit der ein für allemal festgelegten Wahrheit der Ideologie.

Diesen zündenden, einleuchtenden Parolen gegenüber haben die Stimmen einiger Warner wenig Chance. Ein solcher ist zum Beispiel Karl Popper, der Anwalt der »kleinen Schritte«, die, eben weil klein, für den Höhenflug weltbeglückender Ideen viel zu schäbig sind. Denn man stelle sich ein Gemeinwesen vor, dessen Repräsentanten nicht das irdische Jerusalem gründen wollen, sondern sich mit Karl Popper fragen: »Wie können wir unsere politischen Einrichtungen so aufbauen, daß auch unfähige und unredliche Machthaber keinen großen Schaden anrichten können?« [12] – Viel zu menschlich, nicht wahr?

Aber, um zum Ausgangspunkt dieses Kapitels zurückzukommen: Das Große liegt im Kleinen verborgen. Wie wenig Anspruch auf Originalität diese Einsicht erheben kann, und wie schon frühere Epochen den Wert des Kleinen sahen, beweist eine charmante orientalische Geschichte:

Der Bagdader Mystiker Schibli starb 945. Nach seinem Tod sah ihn einer seiner Freunde im Traum und fragte: »Wie hat Gott dich behandelt?« Er sagte: »Er hat mich vor Sich gestellt und gefragt: ›Abu Bakr, weißt du, weshalb Ich dir vergeben habe?‹ Ich sagte: ›Wegen meiner guten Werke.‹ Er sagte: ›Nein.‹ Ich sagte: ›Weil ich in meiner Anbetung aufrichtig war.‹ Er sagte: ›Nein.‹ Ich sagte: ›Wegen meiner Pilgerfahrt und meines Fastens und meiner Pflichtgebete.‹ Er sagte: ›Nein, nicht deswegen habe Ich dir vergeben.‹ Ich sagte: ›Wegen meiner Reisen, um Wissen zu erwerben, und weil ich zu den Frommen ausgewandert bin?‹ Er sagte: ›Nein.‹ Ich sagte: ›O Herr, dies sind die Werke, die zur Rettung führen, die habe ich über alles gestellt und bei denen habe ich gedacht, daß Du mir ihretwegen vergeben wür-

dest!‹ Er sprach: ›Doch nicht um all dieser
Dinge willen habe Ich dir verziehen!‹ Ich sagte:
›O Herr, weshalb denn?‹ Er sprach: ›Erinnerst
du dich, wie du durch die Gassen von Bagdad
gingest und ein Kätzchen fandest, das vor Kälte
ganz schwach geworden war und von Mauer
zu Mauer lief, um Schutz vor der schneidenden
Kälte und vor dem Schnee zu suchen, und du
hast es aus Mitleid aufgehoben und in den Pelz
gesteckt, den du trugst, und hast es so vor der
Qual der Kälte geschützt?‹ Ich sagte: ›Ja, ich
erinnere mich.‹ Er sprach: ›Weil du mit dieser
Katze Erbarmen hattest, darum habe Ich Mich
deiner erbarmt.‹« [17]

Trauriger Sonntag

Schade, daß die Geschichte von Abu Bakr und der Katze uns nichts darüber berichtet, ob und wie weit seine Güte sich auf ihn selbst erstreckte. Es gibt nämlich Menschen, die sich von ihrer eigenen Güte ausschließen. Auf den ersten Blick mag diese Behauptung befremden, und schon die Bibel scheint auf das Gegenteil zu verweisen, wenn sie von uns fordert, unseren Nächsten (wenigstens) so zu lieben, wie uns selbst.

Gerade aber dies traf bei János Jankó aus dem ungarischen Städtchen Varumnyiháza nicht zu. Bitteschön, er war kein ausgesprochener Philanthrop, aber doch einer jener recht seltenen Menschen, die praktisch keine Feinde haben. Er war alt genug, um die Katastrophen seines Landes seit den Dreißiger Jahren miterlebt zu haben. 1956 war es ihm dann gelungen, auszuwandern, und in den folgenden Jahren hatte er sich recht gut an das neue Land angepaßt, in das es ihn verschlagen hatte. Genauer gesagt, er lebte – um einen etwas widersprüchlichen Ausdruck zu verwenden – dort seit Jahrzehnten in komfortabler Einsamkeit. Dies änderte sich grundlegend, als er am Morgen seines 55. Geburtstags erwachte und – wahrscheinlich aus einem Traum in die Tagwelt herübergebracht – die schwermütige Zigeunerweise »Trauriger Sonntag« in den Ohren hatte und auf Stunden nicht loswerden konnte. Es ist meinen Lesern vielleicht nicht bekannt, daß die Melancholie dieses Liedes zur Jugendzeit Jankós der angebliche Grund einer Selbstmordwelle in seiner für diese Patendlösung schon immer anfälligen Heimat gewesen und daher sogar behördlich verboten worden war. Daß diese Gewaltlösung ihrerseits den »Traurigen Sonntag« nur noch berühmter machte, läßt sich leicht vorstellen.

Ob es die Melodie allein war, oder zusätzlich auch die Tatsache, daß Jankó sich an jenem Geburtstagsmorgen (noch dazu ein Sonntag) zu einer Bestandsaufnahme seines Lebens bemüßigt fühlte, bleibt dahingestellt. Das Resultat war jedenfalls, daß er sich selbst plötzlich nicht mehr genügte. Es war, als erwiese sich sein bisheriger innerer Frieden nun nur als Waffenstillstand, als hätte da immer ein schwelender Konflikt bestanden, der nun offen ausgebrochen war. Hätte man *von außen* in ihn hineinsehen können, so wäre der Eindruck vielleicht der eines perversen Konflikts zwischen *zwei* Persönlichkeiten gewesen: Zwischen einem grausamen, mittelalterlichen Potentaten und seinem hilflosen Opfer, das er gefangen hielt, dauernd bedrohte, hungern ließ und des Schlafs beraubte. János Jankó selbst sah es allerdings nicht so. Er nahm in sich nur ein Gefühl der Leere wahr und eine wachsende Feindschaft gegen sich selbst, wie er sie in dieser Stärke noch nie für einen *anderen* Menschen verspürt hatte. Daß er sich in unbestimmter Weise bedroht fühlte, abmagerte und an Schlaflosigkeit litt, waren für ihn nur unerklärliche Nebenerscheinungen. Der Arzt jedenfalls hatte keine körperlichen Ursachen dafür gefunden.

Die Monate vergingen, nicht aber die Kälte und

Leere der Welt. Dabei – und dies hielt er sich immer wieder selbst vor – waren alle seine bescheidenen materiellen Bedürfnisse erfüllt, noch war er gesund und mit seinen konkreten Lebensumständen einigermaßen zufrieden. Und trotzdem war alles unerträglich. Wenn das Leben keinen Sinn hat, welchen Sinn hat es dann, zu leben?

Und just in dieser Stimmung kamen ihm – unerwartet wie der »Traurige Sonntag« – nach vielen Jahren wieder Dostojewskis *Dämonen* in den Sinn, und vor allem jene Szene, in der Kirilloff erklärt, daß der Tod Christi die Sinnlosigkeit der Welt erweise. Er schlug nach und las:

Höre: Dieser Mensch war das Höchste auf der ganzen Erde, war die Verkörperung dessen, wozu sie zu leben hatte. Der ganze Planet mit allem, was auf ihm ist, ist ohne diesen Menschen nichts als Wahnsinn. Es war weder vor noch nach Ihm einer Seinesgleichen da, überhaupt niemals, daß es geradezu zum Wunder wird. Eben darin besteht das Wunder, daß es einen ebensolchen vorher nicht gegeben hat, noch nachher jemals geben wird. Aber wenn dem so ist, wenn die Naturgesetze auch diesen Einmaligen nicht verschont, mit ihrem eigenen Wunderwerk kein Erbarmen gehabt haben und auch Ihn gezwungen haben, inmitten der Lüge zu leben und für Lüge zu sterben, dann ist folglich der ganze Planet Lüge und beruht auf Lüge und dummer Verhöhnung. Demnach sind dann auch die Gesetze selbst des Planeten Lüge und eines Teufels Vaudeville. Wozu also leben, antworte, wenn du ein Mensch bist!

Ein Physiker hätte dazu vielleicht gesagt, daß Kirilloff nur die Entropie des Weltgeschehens sah. Und dies hätte wohl auch für János Jankó Gültigkeit gehabt. Jedenfalls war er nun entschlossen. Die Lösung war der Tod und, wie für Kirilloff, die Pistole seine Verwirklichung. Oder so sah *er* es wenigstens. Von außen in ihn hineingesehen hätte man vielleicht sagen können, der Potentat habe sich nun zur Exekution seines Opfers entschlossen. Wie dem auch sei, maßgebend war, daß Jankó am festen Entschluß angekommen war, und damit eine bloße Stimmung zur unmittelbar bevorstehenden Tatsache wurde. Und dadurch erst wurde es ihm schlagartig bewußt, daß er in seinem Leben bereits zweimal an dieser Schwelle gestanden hatte.

Da war zunächst jenes Erlebnis vor einigen Jahren, das ihm wie eine merkwürdige, von einer unbekannten Macht erteilte Lektion erschienen war. Wie viele von uns war er beim müßigen Sinnieren über Alter und Tod zum festen, stolzen Entschluß gekommen, im Falle einer unheilbaren Erkrankung diese zunächst auf sich zu nehmen, aus Respekt vor dem eigenen Leben sich den vernünftig erscheinenden Behandlungen zu unterwerfen, sich aber das Recht vorzubehalten, beim Eintritt in die unerträglichen Stadien sich selbst zu erlösen. Nun hatte sich eines Tages der Verdacht auf einen Tumor und damit die Notwendigkeit der Untersuchung der Geschwulst ergeben. Auf den Urteilsspruch des Pathologen mußte er 48 Stunden warten. Und da war es um seine kühle Entschlossenheit geschehen. Auf einmal war der Tod keine Alternative mehr, nur das Leben zählte – nicht vielleicht aus feiger Unreife, und das überraschte ihn am meisten. Die bloße Nähe des Todes erschuf in ihm Ehrfurcht vor dem Leben. Und daran änderte sich nichts, als ihm mitgeteilt wurde, daß kein Grund zur Besorgnis vorlag. Im Laufe der Zeit aber verblaßte diese Erkenntnis wieder.

Das andere Erlebnis lag weiter zurück; in jenen Jahren, da es ihm und unzähligen anderen nicht nur am Lebensnotwendigsten gebrach, sondern das Überleben in diabolisch dreifacher Weise bedroht war: Von den Okkupanten und der von ihnen praktizierten Endlösung, von ihren immer näher rückenden Gegnern, und von den allnächtlichen Bombenteppichen jener, von denen allein die Rettung einer heilen, freien Welt zu erwarten war. Auch damals hatte er eine Pistole; nun aber erst fiel es ihm auf, daß er in jenen Monaten des Hungers und der nackten Angst auch nicht ein einziges Mal an die Sinnlosigkeit der Welt gedacht hatte, sondern immer nur ans Überleben. Es war, was George Orwell gemeint haben mußte, als er in einem seiner Essays schrieb: »Menschen mit leeren Bäuchen verzweifeln nie am Universum, ja, sie denken nicht einmal daran.«

Erst als all diese Erinnerungen in ihm aufgestiegen waren, wurde es ihm klar, daß er auch jetzt, in all seiner Verzweiflung und seinem Ekel, keinerlei Wunsch hatte, zur Leiche zu werden. Was er wollte, und wonach er sich leidenschaftlich sehnte, war etwas grundsätzlich Neues, ein grundlegender Wandel. Und so verwarf er die Patendlösung mit der Pistole und trat in diesem Augenblick wieder in den Dienst der Negentropie. Weniger hochwissenschaftlich ausgedrückt: Er trat aus dem Gegensatzpaar »Leere des Lebens oder Leere des Todes« heraus und begab sich auf die Irrwege der Suche.

Ist es *das*?

Irrwege müssen begangen werden, um sich als Irrwege zu erweisen. Diese Binsenwahrheit steht im Einklang mit einem der Grundsätze des sogenannten Konstruktivismus, jener Untersuchung der Art und Weise, wie wir Menschen unsere eigenen Wirklichkeiten erschaffen. Demnach können wir von der »wirklichen« Wirklichkeit (falls es sie überhaupt gibt) immer nur wissen, was sie *nicht* ist. Einer der Hauptvertreter des radikalen Konstruktivismus, der Psychologe Ernst von Glasersfeld, schreibt dazu:

Wissen wird vom lebenden Organismus aufgebaut, um den an und für sich formlosen Fluß des Erlebens soweit wie möglich in wiederholbare Erlebnisse und relativ verläßliche Beziehungen zwischen diesen zu ordnen. Die Möglichkeiten, so eine Ordnung zu konstruieren, werden stets durch die vorhergehenden Schritte in der Konstruktion bestimmt. Das heißt, daß die »wirkliche« Welt sich ausschließlich dort offenbart, wo unsere Konstruktionen scheitern. Da wir das Scheitern aber immer nur in eben jenen Begriffen beschreiben und erklären können, die wir zum Bau der scheiternden Strukturen verwendet haben, kann es uns nie ein Bild der Welt vermitteln, die wir für das Scheitern verantwortlich machen könnten. [6]

Diese Perspektive hat den Vorteil, daß sie – so hoffe ich wenigstens – einen gemeinsamen Nenner in das Smörgåsbord von hekatischen Patendlösungen einführt, aus denen sich dieses Buch zusammensetzt. Und dazu möchte ich, vielleicht etwas größenwahnsinnig, jene Stelle aus Wittgensteins *Tractatus* (Abschnitt 6.54) zitieren, in der auch er sozusagen von »Irrwegen« spricht:

> Meine Sätze erläutern dadurch, daß sie der, welcher mich versteht, am Ende als unsinnig erkennt, wenn er durch sie — auf ihnen — über sie hinausgestiegen ist. (Er muß sozusagen die Leiter wegwerfen, nachdem er auf ihr hinaufgestiegen ist.)

An diesem Punkte nun, nach all diesen Sätzen, ist es an der Zeit, zu »unserem Mann« zurückzukehren, den wir am Ende des 1. Kapitels verließen. Nehmen wir der Einfachheit halber an, *er* sei es gewesen, der auf seiner Suche nach Sicherheit, Gewißheit, Erfüllung und daher endgültiger Glücklichkeit alle die hier beschriebenen Irrwege beschritten habe — und nicht nur die. Aber erst als er Novalis las und dabei auf das Symbol der Blauen Blume stieß, jener Blume, die irgendwo im Verborgenen blüht und deren Finden für die Romantik die Erfüllung der tiefsten Sehnsucht darstellte, begriff er sich selbst als Sucher. Bis dahin war ihm dieses Leitmotiv seines Lebens deswegen unbekannt geblieben, weil er so völlig darin enthalten war. Auf diese Einsicht folgte bald eine zweite, die aus der ersten hervorging, sie aber auch in Frage stellte. Die Romantiker schienen zu wissen, was sie suchten; er aber suchte, ohne zu wissen, wonach. Er wußte nicht nur nicht, *wo* das Gesuchte zu finden wäre, sondern nicht einmal, *was* es war. Und doch begriff er jetzt, daß er in jeder Sekunde seines Lebens, durch jede, auch die unbedeutendste seiner Handlungen die Frage an die Welt stellte: Ist es *das*? Wie anders könnte man etwas suchen, nach dem man dürstet »wie der Hirsch nach dem Wasser« und von dem man nicht einmal den Namen kennt? – Leider hatte er den *Tao Te King* nicht gelesen, denn dort hätte er als Antwort gefunden:

> Der Sinn, den man ersinnen kann,
> ist nicht der ewige Sinn;
> der Name, den man nennen kann,
> ist nicht der ewige Name.

Für unseren Mann wirkte sich die Suche nach Sinn und Namen so aus, daß er wie Faust durch die Welt rannte, ein jedes Glück bei den Haaren faßte, in sich hineinhorchte und fragte, »Ist es *das*?« und diese Frage immer wieder mit »Das ist es nicht« beantworten mußte. Mit anderen Worten: Unerbittlich mußte er wiedererleben, was schon Omar Chajjam in seinem *Rubaijat* ausdrückt: »... durchschweifst das All, kehrst zu der Zelle Winkel, und ist doch alles nichts, doch nichts, doch nichts.«

Immer wieder stand er mit leeren Händen da, aber immer wieder zog er daraus den einzig möglich erscheinenden Schluß, daß das jeweilige *Das* eben nicht *es* war, daß er *es* eben noch nicht richtig benannt und an der richtigen Stelle gesucht hatte. Manchmal gab er der Verheißung den Namen von bestimmten Zielen, deren Erreichen oft Jahre in Anspruch nahm, die ihn zu ungewöhnlichen Leistungen befähigten, ihm die Bewunderung seiner Umwelt eintrugen, und die dann, im Augenblick des Ankommens, doch nicht hielten, was sie versprochen hatten; eine Enttäuschung, von der Shakespeare in einem seiner Sonette sagt: »... Glück beim Versuch, und wenn versucht nur Qual; erst freudig hoffend, nachher Schattenbild.« Und wie es nun einmal im Wesen eines solchen Bildes, einer Fata Morgana, liegt, verschwindet es beim Näherkommen und ist sofort wieder erstrebenswert, sobald man sich von ihm abwendet oder es verliert. So heftete er seine Sehnsucht oft an ferne Städte und Landschaften, von denen er fest annahm (*wie* er zu diesen Annahmen kam, wußte er sich nicht zu erklären), daß ihr Erreichen ihm ein völlig neues Ichgefühl bescheren würde, und die ihm diese Erfüllung vorenthielten, sobald er dort ankam. Enttäuscht durchstreifte er sie; er, derselbe, der er immer schon gewesen war, um nichts reicher, um nichts verändert. Und dann, kurz nach der entmutigten Abreise, war die Sehnsucht nach jenem Ort wieder da, leuchtend und verheißend – als hätte er nicht eben erlebt, daß »es« das nicht war. Und er fuhr wieder hin, in dieselbe Ernüchterung. Genausooft waren es Frauen, die, bevor sie sich ihm hingaben, all seiner Sehnsucht Verkörperung wurden – und dann nur ein anderer Körper. Dann kam die bittere Trennung und mit ihr die Rückkehr der Illusion, nun aber durch das Gefühl des verlorenen Paradieses noch leuchtender gemacht. Und ihr folgte wiederum die Leere. Er fühlte sich verraten, betrogen, ausgestoßen. Hätte er an Gott geglaubt, so hätte er Ihn beschuldigt, ihn nicht heimkommen zu lassen. Als Atheist dagegen liebäugelte er gelegentlich mit der Patendlösung des Selbstmords, denn seine Zweifel wuchsen, bis sie alles zu überwuchern und zu ersticken schienen. Wozu also weiterleben?

Dabei war sein Problem, *von außen* gesehen, recht banal. Nur das jeweils benannte Ziel stellte er nämlich in Frage, nicht aber *die Suche selbst*. Damit aber wurde die Suche endlos, denn der möglichen Fundorte gibt es unendlich viele. Was ja auch die Romantik nicht in Betracht gezogen hatte, war die banale Möglichkeit, daß es die Blaue Blume überhaupt nicht gibt – und nicht der Trugschluß, daß der Sucher offenbar noch nicht am rechten Ort gesucht hatte. Daher schien es nur das manichäische Gegensatzpaar Finden und Nichtfinden zu geben, und in diesem Nullsummenspiel mit sich selbst war unser Mann gefangen.

Es ist sehr schwer, klar und vor allem überzeugend darzulegen, wie er dieser Gefangenschaft doch entkam. Zweifellos trug dazu der Umstand bei, daß das Schicksal ihm fast nie das Ankommen am vermeintlichen Endziel versagte. Denn, wie wir schon sahen, ist nichts ernüchternder als eine erfüllte Hoffnung, und nichts trügerischer als eine versagte.

Er hatte also den Punkt erreicht, daß er sich seines Suchens voll bewußt war, und damit auch seiner ewigen Frage an alle Inhalte und Aspekte der Welt: Ist es *das*? Und nun ergab sich eines Tages ein ganz kleiner Wandel; eben einer von jenen, die so klein sind, daß sie Großes herbeiführen. So unwahrscheinlich es klingen mag, es war die winzige Verschiebung der Betonung von *das* auf *es*, wodurch die Frage plötzlich »Ist *es* das?« lautete. Und sofort kam ihm die Antwort: Kein »*Das*«, *kein Ding da draußen in der Welt, kann je mehr als ein Name* des *Es* sein – und Namen sind Schall und Rauch. In diesem Augenblick fiel die Trennung zwischen ihm und *es* weg; zwischen Subjekt und Objekt, wie die Philosophen sagen würden. Kein *Das* konnte je dieses *Es* sein. *Was die Welt nicht enthält, kann sie auch nicht vorenthalten*, sagte er zu seinem eigenen Erstaunen immer wieder vor sich hin; und dazu noch die für ihn merkwürdig bedeutungsvollen Worte: *Ich bin icher als ich.* Auf einmal war es ihm klar, daß die *Suche* der einzige Grund des bisherigen Nichtfindens gewesen war; daß man da draußen in der Welt nicht finden und daher nie *haben* kann, was man immer schon *ist*.

Und damit erfüllte sich für ihn jenes Wort der Apokalypse, wonach die Zeit nicht mehr sein wird – und er stürzte in die zeitlose Fülle des gegenwärtigen Augenblicks.

Aber nur für den Bruchteil einer Sekunde stand er in dieser Zeitlosigkeit, denn um sie zu bewahren, verfiel er sofort auf die Patendlösung, dem Erlebnis einen Namen zu geben und nach seiner Wiederholung zu suchen ...

Literaturverzeichnis

1 Ashworth, Tony: *Trench Warfare 1914–1918; The Live and Let Live System*. Holmes & Meier Publishers, New York 1980.
2 Berdjajev, Nikolas: *Die Weltanschauung Dostojewskijs*. C. H. Becksche Verlagsbuchhandlung, München 1925. Deutsch von Wolfgang E. Groeger.
3 Fogelman, Eva, und Valerie L. Wiener: »The Few, the Brave, the Noble«. *Psychology Today*, August 1985.
4 Gall, John: *Systemantics*. Pocket Books, New York 1978.
5 Gheorgiu, C. Virgil: *25 Uhr*. Ullstein, Frankfurt 1962. Deutsch von Franz und Leonore Schlaich.

6 Glasersfeld, Ernst von: »Einführung in den radikalen Konstruktivismus«. In: *Die erfundene Wirklichkeit*, Paul Watzlawick (Hg.). Piper, München 1981.

7 Jung, Carl G.: *Symbole der Wandlung*. Rascher, Zürich 1952.

8 Kreuzer, Franz (Hg.): *Neue Welt aus Null und Eins*. Franz Deuticke, Wien 1985.

9 Leisi, Ernst: »Falsche Daten hochpräzis verarbeitet«. *Neue Zürcher Zeitung*, Nr. 301, 28./29. 12. 1985.

10 Lübbe, Hermann: »Ideologische Selbstermächtigung zur Gewalt«. *Neue Zürcher Zeitung*, Nr. 251, 28./ 29. 10. 1978.

11 Popper, Karl R.: *Die offene Gesellschaft und ihre Feinde*. Francke, Bern 1984.

12 Popper, Karl R.: »Woran glaubt der Westen?« In: *Auf der Suche nach einer besseren Welt*. Piper, München 1984.

13 Postman, Neil: *Wir amüsieren uns zu Tode*. S. Fischer, Frankfurt 1985.

14 Rapoport, Anatol: *Fights, Games and Debates*. Univ. of Michigan, Ann Arbor 1960.

15 Revel, Jean-François: *So enden die Demokratien*. Piper, München 1984.

16 Revel, Jean-François: »*Die Demokratien im Angesicht der Totalitarismen*«. Zusammenfassung, Piper Information, München 1984.

17 Schimmel, Annemarie (Hg.): *Die orientalische Katze*. Eugen Diederichs, Köln 1983.

18 Selvini-Palazzoli, Mara, u. a.: »Hypothetisieren – Zirkularität – Neutralität«. *Familiendynamik*, 6. Jg., April 1981.

19 Watzlawick, Paul: *Die Möglichkeit des Andersseins*. Hans Huber, Bern 1977.

Paul Watzlawick

Die erfundene Wirklichkeit

Wie wissen wir, was wir zu wissen glauben? Beiträge zum Konstruktivismus. Herausgegeben von Paul Watzlawick. 326 Seiten mit 31 Abbildungen. SP 373

Münchhausens Zopf oder Psychotherapie und »Wirklichkeit«

Gesammelte Aufsätze und Vorträge. 260 Seiten mit 6 Abbildungen. SP 1237

Watzlawick zeigt in diesem Buch, wie alte Weltbilder sich durch Umdeutungen auflösen und neue »Wirklichkeiten« entstehen.

Vom Unsinn des Sinns oder vom Sinn des Unsinns

Mit einem Vorwort von Hubert Christian Ehalt. 83 Seiten. SP 1824

»Wenn sich der brillante Philosoph und Psychoanalytiker Paul Watzlawick Gedanken über den Sinn und seine Täuschungen macht, ist Konzentration gefragt. Trotz aller Verwirrung und sprachmächtigen Wortspielereien behandelt er nämlich die zentrale Frage der menschlichen Existenz.«
Forbes

Anleitung zum Unglücklichsein

132 Seiten. SP 2100

»Eine amüsante Lektüre für Leute wie mich, die dazu neigen, sich das Leben schwer zu machen – ohne zu wissen, wie sie das eigentlich anstellen. Ein Lesevergnügen mit paradoxem Effekt. Das Nichtbefolgen der ›Anleitung zum Unglücklichsein‹ ist die Voraussetzung dafür, glücklich sein zu können.«
Brigitte

Wie wirklich ist die Wirklichkeit?

Wahn, Täuschung, Verstehen. 252 Seiten mit 17 Abbildungen. SP 174

Paul Watzlawick / Franz Kreuzer

Die Unsicherheit unserer Wirklichkeit

Ein Gespräch über den Konstruktivismus. Mit einem Beitrag von Paul Watzlawick. 76 Seiten. SP 742

Paul Watzlawick / John H. Weakland (Hrsg.)

Interaktion

Menschliche Probleme und Familientherapie. Forschungen des Mental Research Institute 1965–1974. 526 Seiten mit 4 Abbildungen. SP 1222

SERIE
PIPER

SERIE PIPER

Erving Goffman

Wir alle spielen Theater

*Die Selbstdarstellung im Alltag.
Aus dem Amerikanischen von
Peter Weber-Schäfer. Vorwort von
Ralf Dahrendorf. 256 Seiten.
SP 312*

An verblüffenden Beispielen zeigt der Soziologe Goffman in diesem Klassiker das »Theater des Alltags«, die Selbstdarstellung, wie wir alle im sozialen Kontakt, oft nicht einmal bewußt, sie betreiben, vor Vorgesetzten oder Kunden, Untergebenen oder Patienten, in der Familie, vor Kollegen, vor Freunden.

Erving Goffman gibt in diesem Buch eine profunde Analyse der vielfältigen Praktiken, Listen und Tricks, mit denen sich der einzelne vor anderen Menschen möglichst vorteilhaft darzustellen sucht. Goffman wählt dazu die Perspektive des Theaters. Wie ein Schauspieler durch seine Handlungen und Worte, durch Kleidung und Gestik, angewiesen von einer unsichtbaren Regie, einen bestimmten Eindruck vermittelt, so inszenieren einzelne und Gruppen im Alltag »Vorstellungen«, um Geschäftspartner oder Arbeitskollegen von den eigenen echten oder vorgetäuschten Fähigkeiten zu überzeugen. Daß dies nichts mit Verstellung zu tun hat, sondern ein notwendiges Element des menschlichen Lebens ist, macht Goffman anschaulich und überzeugend klar.

»Die soziale Welt ist eine Bühne, eine komplizierte Bühne sogar, mit Publikum, Darstellern und Außenseitern, mit Zuschauerraum und Kulissen, und mit manchen Eigentümlichkeiten, die das Schauspiel dann doch nicht kennt ... Goffman geht es ... um den Nachweis, daß die Selbstdarstellung des einzelnen nach vorgegebenen Regeln und unter vorgegebenen Kontrollen ein notwendiges Element des menschlichen Lebens ist. Der Sozialwissenschaftler, der dieses Element in seine Begriffe hineinstilisiert – Rolle, Sanktion, Sozialisation usw. –, nimmt nur auf, was die Wirklichkeit ihm bietet ... Soziologie macht das Selbstverständliche zum Gegenstand der Reflexion.«
Ralf Dahrendorf